DIESES BUCH GEHÖRT:

EIN GESCHENK VON:

DATUM:

Joel R. Beeke &
William Boekestein

WARUM CHRISTUS KAM

Christlicher Verlag
Voice of Hope

1. Auflage 2022

Originaltitel: Why Christ Came

Eckenhagener Str. 43
51580 Reichshof-Mittelagger
www.voh-shop.de

Übersetzung: Yvonne Thomas und VOH
Lektorat und Design: VOH

Bestell-Nr. 875.210
ISBN 978-3947978-10-6

Soweit nicht anders vermerkt, wurden die Bibelzitate der Schlachter-Bibel 2000 entnommen.

INHALT

Vorwort ... 7

1. Um den Willen des Vaters zu tun ... 12
2. Um Sünder zu retten ... 20
3. Um Licht in eine dunkle Welt zu bringen ... 28
4. Um Seinem Volk gleich zu werden ... 34
5. Um die Wahrheit zu bezeugen ... 40
6. Um den Teufel und seine Werke zu vernichten ... 46
7. Um ewiges Leben zu schenken ... 52
8. Um Anbetung zu empfangen ... 58
9. Um große Freude zu bringen ... 64
10. Um wahre Demut zu demonstrieren ... 70
11. Um das Evangelium zu verkünden ... 76
12. Um Gericht zu halten ... 82
13. Um sein Leben als Lösegeld für viele zu geben ... 88
14. Um das Gesetz und die Propheten zu erfüllen ... 96
15. Um Sündern die Liebe Gottes zu offenbaren ... 104
16. Um Sünder zur Buße zu rufen ... 110
17. Um zu sterben ... 118

18. Um die Verlorenen zu suchen und zu retten .. 124
19. Um zu dienen 130
20. Um Frieden zu bringen 136
21. Um das Schwert zu bringen 144
22. Um gebrochene Herzen zu verbinden 150
23. Um uns den Geist der Sohnschaft zu geben ... 156
24. Um uns der göttlichen Natur teilhaftig zu machen 162
25. Um als König zu herrschen 168
26. Um die Heiligkeit der menschlichen Natur wiederherzustellen 174
27. Um ein barmherziger und treuer Hohepriester zu sein 180
28. Um der zweite und größere Adam zu sein 186
29. Um unseren tiefsten Durst zu stillen 192
30. Um von Gottes Kindern geliebt zu werden ... 198
31. Um Gottes Herrlichkeit zu offenbaren 204

Notizen 214

VORWORT

Zur Weihnachtszeit denken wir traditionsgemäß an die Geschichte von der Geburt Christi. Es *fühlt* sich wie Weihnachten an, wenn wir uns Joseph und Maria, die Hirten, die Engel und die Krippe mit dem Jesuskind vorstellen. Aber um das eigentliche Ausmaß der Hauptaussage der Geschichte zu verstehen – nämlich dass der ewige Sohn Gottes unsere menschliche Natur aus Fleisch und Blut angenommen hat –, müssen wir aus der gesamten Bibel lernen, warum Christus wirklich auf die Erde kam.

Leider können wahrscheinlich viele, die vehement dafür plädieren, an christlichen Weihnachtsbräuchen festzuhalten, nur wenig über die Realität und die praktische Bedeutung der Fleischwerdung (Inkarnation) Christi sagen. Wenn wir die Beweggründe für das Kommen Christi erfahren, können wir Seine Geburt tiefgehender feiern, wir können klarer sehen, wie sie mit Seinem gesamten Wirken verbunden ist, und wir können ihre Bedeutung für unser Leben begreifen. Wenn wir verstehen, warum Jesus auf die Erde kam, hat das auch einen apologetischen Nutzen. Angenommen, jemand fragt dich: »Warum ist Jesus auf die Erde gekommen?« Dir würden wahrscheinlich ein oder zwei Gründe einfallen. So zutreffend diese Gründe auch sein mögen, sie würden die Tiefgründigkeit der Fleischwerdung Christi nur ansatzweise vermitteln.

Das »Warum« ist ein hervorragender Lehrer, denn es fragt nach der Bedeutung der Ereignisse, die wir beobachten. Rudyard Kipling nannte in einem Gedicht[1] die Frage nach dem »Warum« einen der »sechs ehrlichen Diener«, die ihm alles beigebracht haben, was er wusste. Christus Selbst verwendete diesen »Diener« häufig, wenn Er über Sein erstes Kommen lehrte. Die Beantwortung der »Warum«-Frage sollte auch unsere Sicht auf die Advents- und Weihnachtszeit erweitern und uns helfen, wichtige Fragen zu beantworten, wie zum Beispiel: »Warum versammeln wir uns als Gemeinde und Familie?« »Warum feiern wir zu dieser Jahreszeit besondere Feste?« »Warum bringt uns diese Jahreszeit Hoffnung?«

Der Psalmist David sagt, dass die ganze Schöpfung die Herrlichkeit Gottes verkündet (Ps. 19,2). Nichts jedoch verherrlicht Gott so sehr wie die Fleischwerdung Seines Sohnes. Charles Spurgeon sagte: »Sing, sing, o Christenheit, bis du nicht mehr kannst; und doch kannst du kein so herrliches Lied singen wie das von der Fleischwerdung!« John Owen bemerkte: »Wir können vor dem Geheimnis der Fleischwerdung nur anbetend niederfallen: ›*Und anerkannt groß ist das Geheim-*

---

1 »I keep six honest serving men«

nis der Gottesfurcht: Gott ist geoffenbart worden im Fleisch, gerechtfertigt im Geist, gesehen von den Engeln, verkündet unter den Heiden, geglaubt in der Welt, aufgenommen in die Herrlichkeit‹ (1.Tim. 3,16).«

Auch dieses kleine Buch kann den Reichtum des großen Geheimnisses, dass Gott Mensch wurde, nicht annähernd ausschöpfen. Es könnten noch viele weitere Gründe genannt werden. Zusätzlich zu den in diesem Buch genannten Beweggründen kam Christus auf die Erde,

- um ein Feuer zu bringen (Lk. 12,49-53)
- um uns vom Gesetz loszukaufen (Gal. 4,4-5)
- um der Retter der Welt zu sein (1.Joh. 4,14; Joh. 12,47)
- um im Namen des Vaters aufgenommen zu werden (Joh. 5,43)
- um Leben im Überfluss zu schenken (Joh. 10,10)
- um den Vater zu offenbaren (Mt. 11,27; Joh. 14,9)
- um Gefangenen Befreiung zu verkünden (Lk. 4,18)
- um ein Vorbild für Sanftmut zu sein (Mt. 11,29)
- um die Verheißung Gottes als der Same der Frau zu erfüllen (1.Mo. 3,15)
- um uns den Heiligen Geist zu geben (Joh. 7,39).

Wenn alle Gründe, aus denen Christus gekommen ist, aufgeschrieben würden, könnten wir mit Johannes sagen: »... *so glaube ich, die Welt würde die Bücher gar nicht fassen, die zu schreiben wären« (Joh. 21,25).* Die Anzahl der Beweggründe, aus denen Christus in die Welt gekommen ist, übersteigt möglicherweise letztendlich die Anzahl der Menschen, die Er retten wollte.

Wir verbinden diese Gedanken mit dem Gebet des Apostels Paulus: *»dass der Christus durch den Glauben in euren Herzen wohne, damit ihr, in Liebe gewurzelt und gegründet, dazu fähig seid, mit allen Heiligen zu begreifen, was die Breite, die Länge, die Tiefe und die Höhe sei, und die Liebe des Christus zu erkennen, die doch alle Erkenntnis übersteigt, damit ihr erfüllt werdet bis zur ganzen Fülle Gottes« (Eph. 3,17-19).*

Denn Ich bin aus dem
Himmel herabgekommen,
nicht damit Ich Meinen Willen tue,
sondern den Willen dessen,
der Mich gesandt hat.

Johannes 6,38

Da sprach Ich:
Siehe, Ich komme —
in der Buchrolle
steht von Mir geschrieben —,
um Deinen Willen,
o Gott, zu tun!«

Hebräer 10,7

1

DEN WILLEN DES VATERS TUN

Jesus kam auf die Erde, um den Willen des Vaters zu tun. Letztlich ist der Wille Gottes Seine gerechte Entscheidung, die alles bestimmt, was geschieht, und die bewirkt, dass alle Dinge zu Seiner Ehre zusammenwirken (Eph. 1,11; vgl. 5.Mo. 29,28). Alles, was geschieht, ist der Wille Gottes, und Er vollbringt es in Christus (Kol. 1,16-17). Aber wenn Christus davon spricht, dass Er kommt, um Gottes Willen zu tun, bezieht Er sich auf den Willen, der uns von Gott *»geoffenbart ist, [der] ewiglich für uns und unsere Kinder bestimmt [ist], damit wir alle Worte dieses Gesetzes tun« (5.Mo. 29,28).* Der geoffenbarte Wille Gottes kommt aus Seinem Herzen und bestimmt die Erwartungen, die Er an Sein Volk stellt.

Es mag uns also überraschen, dass Jesus von zwei Willen spricht: von Seinem eigenen und von dem Seines Vaters. Damit gewährt Jesus einen Einblick in Sein Menschsein. Wie Andrew Murray sagt: »Christus hatte einen menschlichen Willen. Er aß zum Beispiel, wenn Er hungrig war, und Er schreckte vor dem Leiden zurück, als Er es kommen sah.« Obwohl Sein Wille nicht sündhaft war, musste Jesus ihn dennoch verleugnen. Durch Seine Fleischwerdung nahm Christus die ultimative Herausforderung an, Seinen menschlichen Willen mit dem göttlichen Willen Seines Vaters in Einklang zu bringen.

Jesus stellte sich dieser Herausforderung; Er tat in allen Dingen den Willen Gottes. Er erfüllte alle Vorschriften des Gesetzes (Mt. 5,17) und widerstand jeder Versuchung, es zu übertreten. Am Ende Seines irdischen Lebens konnte Er sagen: *»Ich habe das Werk vollendet, das Du Mir gegeben hast, damit Ich es tun soll« (Joh. 17,4).*

In Jakobus 4,17 heißt es: *»Wer nun Gutes zu tun weiß und es nicht tut, für den ist es Sünde.«* Wir begehen jeden Tag Unterlassungssünden; aber Jesus tat das nie. Vielmehr machte Er sich manchmal sogar die Mühe, nur eine einzige Person zu heilen (Mk. 5,1-20). Er zeigte Mitleid mit Menschen, die sich offenkundiger Sünden schuldig gemacht hatten (Joh. 4,1-30; 8,1-11). Die Jünger warfen ihrem Meister vor, Er sei unvernünftig, als Er erst etwa fünftausend und dann etwa viertausend Männer, dazu Frauen und Kinder speiste, weil von niemandem erwartet werden könne, solche Menschenmengen zu versorgen (Mk. 6,35-37). Aber Jesus hatte Mitleid mit ihnen (Mt. 15,32). Während Seines gesamten Dienstes zeigte Jesus, dass Seine Nachfolger nicht versäumen dürfen, alles zu tun, was ihnen befohlen wird (Lk. 17,10).

Der Gehorsam Jesu gegenüber dem Willen Gottes zeigt sich vor allem darin, dass Er die einzigartige Aufgabe erfüllte, Sein Volk gemäß dem ewigen Plan Seines Vaters zu erlösen und zu bewahren. Er sagt in Johannes 6,38-40:

> *»Denn Ich bin aus dem Himmel herabgekommen, nicht damit Ich Meinen Willen tue, sondern den Willen Dessen, der Mich gesandt hat. Und das ist der Wille des Vaters, der Mich gesandt hat, dass Ich nichts verliere von allem, was Er Mir gegeben hat, sondern dass Ich es auferwecke am letzten Tag. Das ist aber der Wille Dessen, der Mich gesandt hat, dass jeder, der den Sohn sieht und an Ihn glaubt, ewiges Leben hat; und Ich werde ihn auferwecken am letzten Tag.«*

Der Gehorsam Jesu war besonders auf die Schafe ausgerichtet, die Er retten wollte. Seine Mutter Maria sang: *»Denn große Dinge hat der Mächtige an mir getan« (Lk. 1,49).* Wenn wir den Gehorsam Jesu auf den Seiten der Heiligen Schrift studieren, können wir sagen: »Es geschah alles um unsertwillen!« (vgl. Gal. 2,20).

Keine einzige der Erwartungen des Vaters blieb in Christus unerfüllt. Als Christus rief: *»Es ist vollbracht!«*, meinte Er es auch so (Joh. 19,30). Durch Seinen Gehorsam gegenüber Gottes Willen, gerade in dem, was Er erlitt, hat Er unsere Rettung vollbracht. Als unser Hoherpriester lehrt uns Christus, dass wir mit unserem moralischen Versagen und der damit verbundenen Strafe nicht anders umgehen können, als zu Gott zu kommen und zu sagen:

Da ich selbst nichts bringen kann,
fliehe ich zum Kreuze dann.
Hilflos fleh ich dort zu Dir:
Komme Du, erbarm Dich mir;
ich bin unrein, Herr, vor Dir!
Wasche mich, erlös mich hier.

Während wir die ersten Kapitel der Evangelien studieren, ist es schwierig, das ganze Gewicht dieser Aussage Jesu zu erfassen: *»Ich komme ..., um Deinen Willen, o Gott, zu tun« (Hebr. 10,7).* Aber später, vor allem wenn wir von Christus im Garten Gethsemane lesen, fangen wir an, die Tiefe dieser Hingabe zu erahnen. Im Garten ringt Jesus mit der Realität von Jesaja 53,10: *»Aber dem HERRN gefiel es, Ihn zu zerschlagen.«* Im Garten war Christus *»tief betrübt bis zum Tod«*, und *»Er fing an, zu erschrecken, und Ihm graute sehr« (Mt. 26,38; Mk. 14,33).* In Gethsemane verlor Christus die Gelassenheit und warf sich in ringendem Gebetskampf auf die Erde (Mk. 14,35; Lk. 22,44). Der überwältigende Schrecken, Gottes Gerichtsurteil über unsere Sünden zu tragen, presste große Tropfen blutigen Schweißes aus Ihm heraus. Dennoch unterwarf sich Jesus Seinem Vater und betete: *»Doch nicht, was Ich will, sondern was Du willst!« (Mk. 14,36).*

Das Kommen Christi auf die Erde, um den Willen Gottes zu erfüllen, übermittelt zwei Aspekte.

Erstens verherrlicht es Christus als den einzigen Menschen, der dem Willen Gottes gehorsam war. Das Leben Jesu lehrt uns deutlich, dass wir den Willen Gottes nicht tun können und auch nicht tun wollen. Aus diesem Grund brauchen wir einen Mittler. Die frohe Botschaft des Evangeliums besagt, dass Christus gekommen ist, um als Mittler den Willen Gottes für diejenigen zu erfüllen, die Ihm vertrauen.

Zweitens regt es uns alle dazu an, Gott sofortigen Gehorsam zu leisten; denn Christus ist das Vorbild des vollkommenen Gehorsams zu diesem Zweck, damit alle, die Ihm angehören, miteinander darin wetteifern, Ihn nachzuahmen, so dass sie gemeinsam dem Ruf Gottes folgen und ihr Leben ein Beispiel für den Ausspruch Jesu ist: *»Siehe, Ich komme« (Hebr. 10,7).*

O GOTT SEI GELOBT

Revive Us Again

Text: William P. Mackay (1839 – 1885)
Deutsch: Ernst Gebhardt, Niko Derksen

1. O Gott, sei gelobt für die Liebe im Sohn,
der am Kreuz für uns starb und dann
aufstieg zum Thron!

Refrain:
Halleluja, sei gepriesen, unser Retter und Gott!
Halleluja, sei gepriesen, Dich beten wir an!

2. O Gott, sei gelobt für den Heiligen Geist,
der die Wahrheit uns lehrt und zu Jesus uns weist!

3. Lob, Ehre und Preis sei für immer gebracht
Dir, dem Lamm, das von Sünde uns selig gemacht!

Glaubwürdig ist das Wort
und aller Annahme wert,
dass Christus Jesus in die Welt
gekommen ist, um Sünder zu retten,
von denen ich der größte bin.

1. Timotheus 1,15

Denn sonst hätte Er
ja oftmals leiden müssen
von Grundlegung der Welt an.
Nun aber ist Er **einmal**
offenbar geworden in der Vollendung
der Weltzeiten zur Aufhebung der Sünde
durch das Opfer Seiner Selbst.

Hebräer 9,26

2

UM SÜNDER ZU RETTEN

Als Christus zum ersten Mal kam, verwirklichte Er einen Rettungsplan, den Gott schon vor Grundlegung der Welt erdacht hatte. Er kam *nicht*, um die Weihnachtsfreude zu fördern, den Jahresschlussverkauf anzukurbeln oder als Hauptperson in einem Krippenspiel aufzutreten. Er kam, um Sünder zu retten.

Um Sünder retten zu können, musste Christus das beseitigen, was Menschen zu Sündern macht – nämlich die Sünde. Zu Beginn der Menschheitsgeschichte war die Sünde wie ein unwillkommener Virus, der die Menschheit mit Leichtigkeit infizieren konnte. Wie aber konnte sie ausgerottet werden? Die Antwort auf diese Frage gab Gott bereits durch das alttestamentliche Opfersystem. Eines der zentralen Themen des Hebräerbriefs ist die sich ständig wiederholende Arbeit der Priester des Alten Testaments: *»Und jene sind in großer Anzahl Priester geworden, weil der Tod sie am Bleiben hinderte« (Hebr. 7,23).* Morgens und abends brachten die Priester Brandopfer für die Sünden auf einem Altar dar, dessen Feuer niemals erlöschen durfte (2.Chr. 13,11; 3.Mo. 6,5).

Dennoch wurden die Sünden durch dieses System nicht vollständig ausgelöscht (Hebr. 10,4). Die alttestamentlichen Opfer waren nur ein Schatten oder ein Abbild dessen, was kommen sollte (Hebr. 9,23); somit *hätte* das Priestertum Aarons eine Million Jahre lang Brandopfer darbringen können, ohne eine einzige Sünde zu tilgen. Der Schreiber des Hebräerbriefs sagt, dass die Nachkommenschaft Adams ein besseres Priestertum brauchte, um die Sünden zu beseitigen – ein Priestertum *»nach der Weise Melchisedeks« (Hebr. 7,17; vgl. Ps. 110,4).* Ebenso war ein besseres Opfer notwendig, das in einer besseren Stiftshütte dargebracht wurde. Wenn ein wirklich vollkommenes Opfer in der Stiftshütte des Himmels dargebracht würde, dann wäre die Sünde endgültig beseitigt. In Hebräer 9,24-26 heißt es:

> *»Denn nicht in ein mit Händen gemachtes Heiligtum, in eine Nachbildung des wahrhaftigen, ist der Christus eingegangen, sondern in den Himmel selbst, um jetzt für uns vor dem Angesicht Gottes zu erscheinen; auch nicht, um sich Selbst oftmals [als Opfer] darzubringen, so wie der Hohepriester jedes Jahr ins Heiligtum hineingeht mit fremdem Blut, denn sonst hätte Er ja oftmals leiden müssen von Grundlegung der Welt an. Nun aber ist Er einmal offenbar geworden in der Vollendung der Weltzeiten zur Aufhebung der Sünde durch das Opfer Seiner Selbst.«*

Die Sünden des Volkes Gottes wurden mit Christus ans Kreuz geschlagen und begraben (Röm. 6,4-5). Christus hat die Sünden der Gläubigen so vollständig getilgt, dass Hebräer 9,28 hinzufügt: *»so wird der Christus ... zum zweiten Mal denen erscheinen, die auf Ihn warten, nicht wegen der Sünde, sondern zum Heil.«* Wie überwältigend ist doch der Gedanke, dass wir die Wiederkunft unseres Herrn, der für unsere Übertretungen gelitten hat und gestorben ist, *sehnlichst* erwarten dürfen!

Ein Mann begann, für einen Bauunternehmer zu arbeiten. Am ersten Morgen gab sein Chef ihm klare Anweisungen, wie er einige Bretter zuschneiden sollte, und ging dann weg, um Material zu holen. Nach etwa einer Stunde stellte der neue Mitarbeiter fest, dass er alle Bretter ein paar Zentimeter zu kurz geschnitten hatte. Ab diesem Zeitpunkt fürchtete er sich vor der Rückkehr seines Chefs. So wie dieser neue Angestellte entsprechen auch die Sünder den Anforderungen nicht; denn gemäß Römer 3,23 *»haben [alle] gesündigt und verfehlen die Herrlichkeit, die sie vor Gott haben sollten«*. Doch wahre Gläubige können Gott dafür danken, dass sie die Wiederkunft Christi nicht wie jener neue Angestellte mit Furcht erwarten müssen! Erlöste Sünder dürfen so zuversichtlich darüber sein, dass Christus all ihre Sünde weggetan hat, dass sie sich auf Seine Wiederkunft als einen Tag des Heils freuen können.

Der schottische Pastor Samuel Rutherford lag auf seinem Sterbebett, als er vor Gericht geladen wurde, weil er sich weigerte, die vom König verordneten neuen Gottesdienstformen zu befolgen. Als er spürte, dass sein Tod nahte, sagte Rutherford: »Ich werde bald vor einem größeren Richter stehen, und dieser Richter ist mein Freund!«

Ein Prediger saß einmal am Bett eines sterbenden Mannes in einem Pflegeheim. Während sie sich unterhielten, begann der Mann, sich an einige seiner vergangenen Sünden zu erinnern. Er begann zu weinen und sagte dann: »Ich bin ein so schrecklicher Sünder, der die Hölle verdient hat!«

Der Prediger antwortete: »Das ist doch wunderbar!« Als er die Verwirrung des Mannes sah, erklärte er: »Sie *sind* ein schrecklicher Sünder, der es verdient hat, in die Hölle zu kommen. Aber es ist wunderbar, dass Sie das wissen, denn Christus kam genau für Menschen wie Sie auf die Erde.«

Paulus hingegen sagt nicht nur, dass er ein schrecklicher Sünder sei; er sagt, er sei der *schlimmste* unter ihnen. Er übertreibt dabei nicht, denn er hat sich der Lästerung Christi, der Verfolgung der Gemeinde und der Misshandlung unschuldiger Menschen schuldig gemacht. Das waren in der Tat abscheuliche Sünden. Dennoch weigert sich Paulus, sich auf die Größe der Sünden anderer zu konzentrieren, um seine eigenen zu verharmlosen. Er sieht seine eigenen Sünden im Licht von Gottes heiligem Gesetz und Seinem vollkommenen Charakter. Er erkennt zudem, dass Christus Sein Blut auch hätte vergießen müssen, um ihn zu retten, wenn er der einzige Sünder auf der ganzen Welt gewesen wäre.

Große Sünder brauchen einen großen Retter. Und genau das ist Christus; denn Er ist fähig, *»… diejenigen vollkommen [zu] erretten, die durch Ihn zu Gott kommen« (Hebr. 7,25)!* Das ist eine lebensverändernde Botschaft für den »größten aller Sünder« (s. 1.Tim. 1,15).

Wenn Christus Paulus retten konnte, der ein Gotteslästerer, ein Verfolger und ein Mörder Unschuldiger war, dann kann Er auch dich retten, ganz gleich, wie sehr du es verdient hast, in die Hölle zu kommen. Bitte Jesus Christus um die Gnade der Buße und des Glaubens, damit du dein ganzes Vertrauen auf Ihn setzen kannst (vgl. Apg. 5,31)!

Kommt, stimmt in unser Loblied ein

Come, Let Us Join Our Cheerful Song

Text: Isaac Watts (1674-1748)
Deutsch: Johann A. Reitz, Niko Derksen

1. Kommt, stimmt in unser Loblied ein,
ihr Engel vor dem Thron!
Zehntausendfach erschall das Lied
vom großen Gottessohn!

Refrain:
Komm, komm und sing
zu Jesu Preis und Ruhm!
Er ist der Herr im Heiligtum!

2. »Das Lamm ist würdig«, singen sie,
»das auf die Erde kam!«
Er ist das Lamm, das für uns starb
und unsre Schuld vergab!

3. Der Herr ist würdig, dass man Ihm
ein Lob- und Danklied bringt
und Seine große Lieb und Gnad
in Ewigkeit besingt.

4. Die ganze Schöpfung ist vereint
und betet Jesus an,
den Herrn, der auf dem Thron regiert;
Er ist das Gotteslamm!

Ich bin als ein Licht
in die Welt gekommen, damit jeder,
der an Mich glaubt,
nicht in der Finsternis bleibt.

Johannes 12,46

Wenn Ich nicht gekommen
wäre und zu ihnen geredet hätte,
so hätten sie keine Sünde;
nun aber haben sie keinen
Vorwand für ihre Sünde.

Johannes 15,22

3

UM LICHT IN EINE DUNKLE WELT ZU BRINGEN

Helles Licht ist ein zweischneidiges Schwert. Zwar befreit es uns von der Knechtschaft der Finsternis, aber es offenbart auch die hässlichen Fehler und Mängel, die zuvor im Schatten verborgen lagen. In Seiner Eigenschaft als Licht der Welt offenbart Christus die Verdorbenheit der Sünde (Joh. 9,5). Seit dem Sündenfall von Adam hatte Gott Propheten gesandt, um die Sünde der Menschen aufzudecken, sie zur Buße aufzurufen und sie auf Christus hinzuweisen (Jer. 25,3-7). Nichtsdestotrotz wurde die Scheußlichkeit der Sünde nicht vollständig offenbart, bis Christus auf die Erde kam (Apg. 17,30; vgl. Lk. 12,48). Weil sie selbst Sünder waren, hatte keiner dieser früheren Gesandten Gottes den extremen Gegensatz zwischen der Heiligkeit Gottes und der Sündhaftigkeit der Menschen persönlich verkörpert. Im Leiden Christi, insbesondere in der Kreuzigung, wurde der dunkelste Fleck auf die hellste Leinwand gemalt.

Christus kam als die Ausstrahlung der Herrlichkeit Gottes (Hebr. 1,3), in wahrer und vollkommener Unschuld, um den abscheulichen Charakter der Sünde zu offenbaren (vgl. Hes. 8,3-6). Wir bezeichnen Säuglinge oder Kleinkinder oft als unschuldig; aber in Psalm 51,7 bekennt der Psalmist: *»Siehe, in Schuld bin ich geboren, und in Sünde hat mich meine Mutter empfangen.«* Christus allein kam unschuldig auf die Welt. Die Evangelien heben die Unschuld Jesu hervor, vor allem in den Stunden vor Seinem Tod. Der Sanhedrin bemühte sich vergeblich, genügend falsche Zeugen zu finden, um sich auf eine Anklage gegen Ihn zu einigen (Mt. 26,60). Als die Volksmenge verlangte, Jesus zu kreuzigen, fragte Pilatus: *»Was hat Er denn Böses getan?« (Mt. 27,23).*

Johannes berichtet, dass Pilatus innerhalb von neun Versen dreimal sagt, dass er an Christus keine Schuld finden kann (Joh. 18,38 – 19,6). Der Hauptmann, der die Soldaten anführte, die das Todesurteil des Pilatus vollstrecken sollten, bestätigte die Unschuld Christi mit den Worten: *»Wahrlich, dieser Mensch war gerecht!« (Lk. 23,47).* Sogar die Schöpfung empörte sich über den ungerechten Tod des Unschuldigen; in Matthäus 27,51 heißt es: *»… und die Erde erbebte, und die Felsen spalteten sich.«*

Christus kam als die Ausstrahlung der Herrlichkeit Gottes, um den abscheulichen Charakter der Sünde zu offenbaren. Die Herrlichkeit des Evangeliums besteht darin, dass der Unschuldige nicht nur die Sünde durch Sein Licht entlarvt, sondern uns auch aus der Finsternis der Sünde befreit.

Die Welt, in die Jesus kam, wurde vom heidnischen Rom regiert und lag in Finsternis. Selbst unter dem Volk Gottes gab es nur wenige, die wahrhaft gläubig waren. Viele der religiösen Führer waren zu blinden Führern geworden (Mt. 23,24). Wahre Frömmigkeit war wie eine einzelne, flackernde Kerze in einer finsteren, stürmischen Nacht. Siebenhundert Jahre vor der Geburt Christi hatte Jesaja gesagt: *»Das Volk, das in der Finsternis wandelt, hat ein großes Licht gesehen; über den Bewohnern des Landes der Todesschatten ist ein Licht aufgeleuchtet« (9,1; vgl. Lk. 1,79).*

Passenderweise wurde die Geburt Christi durch das Erstrahlen eines hellen Lichtes in einer dunklen Welt verkündet. Plötzlich, in der Dunkelheit der Nacht, stand ein Engel des Herrn vor den Hirten, *»und die Herrlichkeit des Herrn umleuchtete sie« (Lk. 2,9).* Später wies ein heller Stern den Weisen den Weg zu Jesus (Mt. 2,1-12). Ein noch herrlicheres Licht begleitete das Leben und Wirken Jesu.

Der Apostel Johannes erinnert sich daran, wie er die Herrlichkeit des fleischgewordenen Wortes sah (Joh. 1,14). Jesus, das Licht der Welt, versprach: *»Wer Mir nachfolgt, wird nicht in der Finsternis wandeln, sondern er wird das Licht des Lebens haben« (Joh. 8,12).* Kurz vor Seinem Tod sagte Jesus: *»Noch eine kleine Zeit ist das Licht bei euch ... Solange ihr das Licht habt, glaubt an das Licht, damit ihr Kinder des Lichtes werdet!« (Joh. 12,35-36).* Als dieses Licht auf Golgatha erhöht wurde, leuchteten sowohl die Gerechtigkeit als auch die erlösende Liebe Gottes mit strahlendem Glanz.

Wir nehmen Licht als selbstverständlich hin, bis wir es verlieren. Als du das letzte Mal versucht hast, dich in der Dunkelheit zurechtzufinden, hast du wahrscheinlich deine Arme ausgestreckt, um nach etwas Festem zu tasten. Gott ist *»jedem Einzelnen von uns nicht ferne«*. Das Problem ist nur, dass wir Ihn nicht sehen können, solange Er uns nicht die Augen öffnet, so dass wir darauf angewiesen sind, Ihn in der Dunkelheit *»umhertastend wahr[zu]nehmen« (Apg. 17,27)*.

Wir können unserem Leben keinen Sinn geben, bis *»Gott, der dem Licht gebot, aus der Finsternis hervorzuleuchten, … es auch in unseren Herzen [hat] licht werden lassen, damit wir erleuchtet werden mit der Erkenntnis der Herrlichkeit Gottes im Angesicht Jesu Christi« (2.Kor. 4,6)*. Wie die Feuersäule, die Sein Volk durch die Wüste führte (2.Mo. 13,21; 14,20), hat der Herr Jesus Christus ein *»auserwähltes Geschlecht, ein königliches Priestertum, ein heiliges Volk, ein Volk des Eigentums … aus der Finsternis berufen ... zu Seinem wunderbaren Licht, [damit sie Seine Tugenden verkünden]« (1.Pt. 2,9)*. Jemand sagte: »Wenn man nun die ganze Weisheit der Welt auf einen Haufen zusammentragen würde, so würde man auch nicht einen Funken wahren Lichts in dieser Masse finden, sondern es wird vielmehr ein verworrenes Chaos sein, da es allein bei Christus steht, uns aus der Finsternis zu befreien.«

Da nun die Kinder
an Fleisch und Blut Anteil haben,
ist Er gleichermaßen
dessen teilhaftig geworden …

Denn Er nimmt
sich ja nicht der Engel an,
sondern des Samens Abrahams
nimmt Er sich an.
Daher musste Er in jeder Hinsicht
den Brüdern ähnlich werden.

Hebräer 2,14.16-17

4

UM SEINEM VOLK GLEICH ZU WERDEN

Christus kam als Gott auf die Erde, um das Fleisch und Blut unserer menschlichen Natur anzunehmen. Das ist eine tiefgründige Aussage. Das Baby in der Krippe hatte die gleiche menschliche Natur wie du und ich, nur ohne Sünde. Jesus wurde als vollkommener Mensch geboren. Als der vollkommene Mensch stellt unser Herr Jesus die große Hoffnung für unvollkommene Menschen dar. Kleine Babys wecken manchmal die Hoffnung auf einen Neuanfang, und wie viel mehr dieses kleine Baby, selbst als es in Windeln gewickelt in einer Krippe lag.

In der Fleischwerdung Christi lehrt uns Gott, dass wir unsere Probleme nicht selbst lösen können. Wir können Vollkommenheit und Frieden nicht aus eigener Kraft erlangen. Aber in Christus hat Gott es für uns vollbracht. In den Worten des Kirchenvaters Irenäus von Lyon: »Als Er Fleisch annahm und Mensch wurde, begann Er die lange Menschheitsgeschichte von Neuem und verschaffte uns in kurzer und umfassender Weise das Heil, damit wir das, was wir in Adam verloren hatten – nämlich dem Bild und Gleichnis Gottes zu entsprechen –, in Christus Jesus wiedergewinnen.« Christus kam, um uns ähnlich zu werden, damit Sein Tod für uns Heilung bewirken konnte. Ohne eine echte Fleischwerdung gibt es keine echte Sühne.

Weil Er uns ähnlich ist, hat Christus auch Mitgefühl mit all den Schmerzen und dem Elend, die aus dem Leben in einer von der Sünde geplagten Welt resultieren. Der Leib, den Gott dem Sohn bereitet hat, »seufzt und liegt in Wehen« wie unser Leib (Röm. 8,22). Wenn Seine körperlichen Kräfte erschöpft waren, schlief Er (Mk. 4,38). Wenn Sein Herz vor Kummer brach, weinte Er (Joh. 11,35).

Weil Er uns ähnlich geworden ist, können wir uns von der Standhaftigkeit Christi angesichts der Versuchung ermutigen lassen. In Hebräer 4,15 heißt es: *»Denn wir haben nicht einen Hohenpriester, der kein Mitleid haben könnte mit unseren Schwachheiten, sondern Einen, der in allem versucht worden ist in ähnlicher Weise [wie wir], doch ohne Sünde.«* Der Trost der Versuchung Christi besteht darin, dass Er dieselben Versuchungen erlebt hat, denen wir ausgesetzt sind; aber Er hat ihnen niemals nachgegeben.

Als Christen kämpfen wir manchmal mit quälenden Zweifeln. Wir sehen unsere Sünden an, sind betrübt über sie und fragen uns, wie wir überhaupt errettet sein können. Wie leicht geben wir doch der Versuchung nach! Schon beim kleinsten Geruch von fleischlichen Genüssen läuft uns das Wasser im Mund zusammen. Wir sind entmutigt durch unser Versagen. In solchen Zeiten müssen wir zu den Versuchungen Christi unsere Zuflucht nehmen, denn Er hat die Prüfung bestanden!

Unsere Rettung hängt nicht von unserer Leistung ab, sondern von der Leistung Christi. In Seinem Gehorsam als Mensch haben wir einen großartigen Beweis dafür, dass Christus uns niemals im Stich lassen wird. Christus ist nicht auf die Erde gekommen, um einfach nur unser Morallehrer zu sein. Wäre das Seine einzige Aufgabe gewesen, hätte Er wie in früheren Zeiten als Engel des Herrn kommen können, ohne dass unser Fleisch und Blut Ihn belastet hätte. Stattdessen musste Er so werden wie wir, damit Er uns dazu erziehen konnte, Ihm ähnlich zu werden.

Wenn wir an Christus denken, sollten wir uns im Glauben in Ihm erkennen. Wenn wir einen Blick auf den Ort Seiner Geburt werfen, können wir sagen: »Das ist mein Bruder, mein Fleisch und Blut«. Während Er heranwächst und reift und weiterhin den Willen Gottes tut, können wir sagen: »Das ist mein Bruder, mein Fleisch und Blut.« Während Er ans Kreuz geht, blutet und stirbt, können wir sagen: »Das ist mein Bruder, mein Fleisch und Blut.«

Wenn wir Christus zur Rechten Gottes, des allmächtigen Vaters, sitzen sehen, können wir sagen: »Das ist mein Bruder, mein Fleisch und Blut.« Und wenn Christus auf den Wolken der Herrlichkeit wiederkommt, um mit uns auf der erneuerten Erde zu wohnen, werden wir sagen: »Das ist mein Bruder, mein Fleisch und Blut.« Aufgrund der Fleischwerdung können die Gläubigen von Christus das sagen, was Adam von Eva sagte: *»Das ist endlich Gebein von meinem Gebein und Fleisch von meinem Fleisch!« (1.Mo. 2,23)*, und was der Apostel Paulus zu den Ephesern sagt: *»Denn wir sind Glieder Seines Leibes, von Seinem Fleisch und von Seinem Gebein« (5,30).*

Das Fleisch Christi war also weder eine Scheinnatur noch vom Himmel herabgebracht. Vielmehr ist das Fleisch Christi unser Fleisch. *»Denn sowohl Der, welcher heiligt, als auch die, welche geheiligt werden, sind alle von* ***Einem****. Aus diesem Grund schämt Er sich auch nicht, sie Brüder zu nennen« (Hebr. 2,11).*

Da sprach Pilatus zu Ihm:
So bist Du also ein König?

Jesus antwortete:

Du sagst es;
Ich bin ein König.
Ich bin dazu geboren und
dazu in die Welt gekommen,
dass Ich der Wahrheit Zeugnis gebe;
jeder, der aus der Wahrheit ist,
hört Meine Stimme.

Johannes 18,37

5

UM DIE WAHRHEIT ZU BEZEUGEN

Zur Weihnachtszeit kommen Menschen trotz ihrer radikalen Unterschiede zusammen, die sich die meiste Zeit des Jahres wenig Gedanken über Jesus Christus und Seine Menschwerdung machen. Viele von ihnen würden sagen, dass Wahrheit relativ sei – dass das, was du für wahr hältst, für sie wahr sein könnte oder auch nicht; dass es mehr als nur einen Weg zu Gott gebe und dass deine Wahrheit nicht notwendigerweise besser sei als die ihre. Doch für ein paar Wochen oder einige Tage im Dezember vereinen sich Menschen mit einer Vielzahl von – oft widersprüchlichen – Ansichten im »Geist der Weihnacht«. Ironischerweise feiern sie unwissentlich die Ankunft Jesu, welcher kurz vor Seinem Tod gegenüber Pilatus erklärte, Er sei geboren worden, um *»der Wahrheit Zeugnis«* zu geben und damit alles andere als falsch zu entlarven.

In Kulturen und Denksystemen, die den in Christus verwurzelten Gedanken einer absoluten Wahrheit ablehnen, wird es nicht unbedingt als eine Tugend angesehen, die Wahrheit zu sagen, und zu lügen gilt nicht unbedingt als Fehlverhalten. Im Hinduismus gelten bestimmte Formen der Lüge, des Betrugs und des Diebstahls als tugendhaft. Sogar im »jüdisch-christlichen« Kontext wird heutzutage häufig die Existenz der Wahrheit selbst in Frage gestellt. Manche Menschen fragen sich, ob Wahrheit überhaupt eine Rolle spiele.

Vor zweitausend Jahren erschien in einer ähnlich relativistischen Kultur der ultimative Ausdruck der Wahrheit auf dieser Erde in der Person des Herrn Jesus Christus. Als Er vor Pontius Pilatus stand, erklärte Jesus: *»Ich bin dazu geboren und dazu in die Welt gekommen, dass Ich der Wahrheit Zeugnis gebe.«* Zuvor hatte Er gesagt: *»Ich bin … die Wahrheit!« (Joh. 14,6).* Die Wahrheit ist eng mit Christus und Seinem Kommen in die Welt verbunden.

Wenn wir über das Kommen Christi nachdenken, sollten wir die Wahrheit betrachten, von der die Geburt Jesu zeugt. Er kam, um zu bezeugen, dass alle Menschen die Wahrheit und Gerechtigkeit Gottes verdrehen. Wie Paulus in Römer 3,4 sagt: *»Vielmehr erweist sich Gott als wahrhaftig, jeder Mensch aber als Lügner.«* Die Wahrheit Gottes in Christus bringt Licht in unsere Herzen und entlarvt die Lügen, mit denen wir ein Leben rechtfertigen, das im Widerspruch zu Gott steht. Aber Er ist auch gekommen, um dieses Problem anzugehen. Christus legt Zeugnis ab für *»das Wort der Wahrheit, das Evangelium eurer Errettung« (Eph. 1,13).*

Wenn wir im Glauben auf Christus schauen, werden wir von der radikalen Wahrhaftigkeit Gottes und der radikalen Täuschung, die in jedem von uns steckt, überwältigt (5.Mo. 32,4; Jer. 17,9). Aber wir beginnen auch zu hören, wie Christus den Weg Gottes in Wahrheit lehrt (Mt. 22,16). Wenn wir auf diesem Weg gehen, werden wir große Freiheit finden.

Pilatus stellte die Existenz einer Wahrheit in Frage, und sein Leben trug die Früchte seiner Zweifel. Er lebte in der Angst, seine Position zu verlieren. Entgegen seinem Gewissen gab er den wahnsinnigen Forderungen des Volkes nach. Er missachtete den Rat seiner Frau, die ihn drängte, nichts mit dem Tod Jesu zu tun zu haben. Pilatus war geknechtet, weil er die Wahrheit nicht kannte. Obwohl der Apostel Paulus viele Jahre gefesselt im Gefängnis verbrachte, sagt er: *»So steht nun fest in der Freiheit, zu der uns Christus befreit hat« (Gal. 5,1).* Man kann also ein Gefangener sein und doch wahrhaft frei sein, oder man kann ein König sein und in Knechtschaft leben. Als Paulus in Ketten vor Königen Zeugnis ablegte, war klar, dass er – nicht sie – die wahre Freiheit kannte (Apg. 24,16.25). Man kann fast die Ketten an Pilatus' Handgelenken rasseln hören, während er Jesus fragt: *»Was ist Wahrheit?« (Joh. 18,38).*

Jesus bezeugt: *»Jeder, der aus der Wahrheit ist, hört Meine Stimme« (Joh. 18,37),* und Er verheißt: *»Die Wahrheit wird euch frei machen!« (Joh. 8,32).* Erlebst du wahre Freiheit in Christus? Oder lebst du in der Knechtschaft der Menschenfurcht, der Forderungen deines Fleisches und der Schuld der Lüge?

Wenn wir die Errettung in Christus erleben, beginnen wir zu erkennen, dass Wahrheit und Lüge wie Öl und Wasser sind. In Christus können wir alles, was falsch ist, zurückweisen und anfangen, freimütig in der Wahrheit zu wandeln. In Seiner Wahrheit finden wir Heilung für unsere trügerischen Herzen. Wir lernen, Lüge und Täuschung zu hassen, denn sie greifen Christus genauso sicher an, wie Nägel Seine Hände und Füße durchbohrten. Eine ungeheure Anzahl von Lügen hat Christus ans Kreuz gebracht! Wir lieben die Wahrheit, weil sie eine Widerspiegelung von Jesus Christus ist, der die fleischgewordene Wahrheit ist (Joh. 14,6).

*Da nun die Kinder
an Fleisch und Blut Anteil haben,
ist Er gleichermaßen dessen teilhaftig
geworden, damit Er durch den Tod
den außer Wirksamkeit setzte,
der die Macht des Todes hatte,
nämlich den Teufel.*

Hebräer 2,14

*Wer die Sünde tut,
der ist aus dem Teufel;
denn der Teufel sündigt von Anfang an.
Dazu ist der Sohn Gottes
erschienen, dass Er die Werke
des Teufels zerstöre.*

1. Johannes 3,8

6

UM DEN TEUFEL UND SEINE WERKE ZU VERNICHTEN

Der Teufel hat schon immer gegen Gott und Seine Gemeinde gewütet und ihr Verderben angestrebt (Joh. 8,44). Aber der physische Eintritt Jesu in die Welt hat die Intensität des Kampfes zwischen Gott und Satan noch verstärkt.

Satan erinnerte sich an die Worte, die Gott ihm im Garten Eden entgegengedonnert hatte: *»Und Ich will Feindschaft setzen zwischen dir und der Frau, zwischen deinem Samen und ihrem Samen: Er wird dir den Kopf zertreten, und du wirst Ihn in die Ferse stechen« (1.Mo. 3,15).* Bei der Geburt Jesu war der Teufel bestrebt, das Erlösungswerk des Samens der Frau zu unterbinden. Durch Herodes versuchte Satan, das Leben des Christuskindes auszulöschen, bevor es Seinen zweiten Geburtstag erreichte (Mt. 2,16).

Das Buch der Offenbarung wurde geschrieben, um die Christen mit der frohen Botschaft zu ermutigen, dass Gott am Ende den Teufel besiegen werde. In Kapitel 12 sah Johannes den Satan als einen großen, feuerroten

Drachen, stehend »*vor der Frau, die gebären sollte, um ihr Kind zu verschlingen, wenn sie geboren hätte*« (*V. 3-4*). In Kapitel 20,10 jedoch sieht Johannes den Drachen, wie er »*in den Feuer- und Schwefelsee geworfen [wurde], wo das Tier ist und der falsche Prophet, und sie werden gepeinigt werden Tag und Nacht, von Ewigkeit zu Ewigkeit.*« Dies ist das bittere Ende des Teufels und seiner Helfershelfer (Mt. 13,39-42; 25,41). Wie ein zum Tode Verurteilter, der keine Bewährungsmöglichkeit hat, suchen Satan und seine Heerscharen, die der Gemeinde und ihren einzelnen Gliedern gleich wie Räuber nach allen Kräften nachstellen, alles zu zerstören und zu verderben. Deshalb erwarten sie von Tag zu Tag die furchtbaren Strafen und Qualen.

Wenn der Teufel wütet, dürfen wir deshalb die Hoffnung nicht verlieren, denn Christus ist gekommen, um die Werke des Teufels zu zerstören. Während Seines Wirkens auf der Erde übte Jesus die Herrschaft über die Mächte der Hölle aus. Er bekämpfte den Teufel mit dem Wort als Schwert des Geistes (Mt. 4,1-11; Eph. 6,17). Er zog umher, tat Gutes und heilte alle, die vom Teufel überwältigt waren; denn Gott war mit Ihm (Apg. 10,38). Vor der Macht Christi krochen die Dämonen im Staub und baten um Gnade (Lk. 8,31). Als Jesus am Kreuz starb, befürchteten einige Seiner Anhänger, dass der Teufel nun gesiegt habe. Doch mit Seinem Tod besiegte Christus den Tod, den großen Feind der Menschheit, der durch die Sünde Adams in die Welt gekommen war (Röm. 5,12). Dieser war das Werkzeug des Teufels, um die Menschen in Angst und Knechtschaft gefangen zu halten (Hebr. 2,14-15). Doch mit Seinem Tod und Seiner Auferstehung hat Jesus der Schlange den Kopf zertreten (1.Mo. 3,15). In der Tat fiel Satan wie ein Blitz vom Himmel (Lk. 10,18).

Das Nachdenken über das erste Kommen Christi hilft uns, uns an das Werk Christi zu erinnern, durch das Er den Teufel vernichtet hat. Weil Jesus den Tod besiegt hat, können Seine Jünger dem Teufel in Seinem Namen widerstehen (Eph. 6,11; Jak. 4,7). Sie können Nein sagen zu den Werken des Fleisches, weil sie wissen, dass Christus gekommen ist, um auch diese zu zerstören. Die Gläubigen haben die Freiheit, Gottes Gebot zu gehorchen: *»So soll nun die Sünde nicht herrschen in eurem sterblichen Leib, damit ihr [der Sünde] nicht durch die Begierden [des Leibes] gehorcht« (Röm. 6,12).* So können wir beten: *»Mache meine Schritte fest durch Dein Wort, und lass nichts Böses über mich herrschen!« (Ps. 119,133).*

Die Macht Christi über Satan und sein Werk sollte uns große Zuversicht geben. Stell dir vor, du wärst einer der Israeliten im Tal von Elah in den Tagen von König Saul. Täglich forderte der Philister Goliath das Volk Israel und seinen Gott heraus. Und jeden Tag *»entsetzten sie sich und fürchteten sich sehr« (1.Sam. 17,11).* Aber stell dir vor, wie groß die Freude war, als sie sahen, wie Gottes Krieger David den Riesen erschlug und seinen abgeschlagenen Kopf emporhielt. Später in diesem Kapitel erfahren wir, dass die Israeliten, als sie sahen, dass Goliath tot war, sich aufmachten und ein Kriegsgeschrei erhoben und den Philistern nachjagten und ihr Lager plünderten (V. 51-53). Christen haben keinen Grund, sich im Tal der Niederlage aufzuhalten, denn Christus ist unser gewaltiger Held, der den »Riesen« überwand. In Ihm haben auch wir den Sieg.

Der bedeutende Pastor und Dichter von Kirchenliedern, Johann Rist, hatte diesen großen Sieg vor Augen, als er 1641 diese Worte verfasste:

Brich an, du schönes Morgenlicht,
und lass den Himmel tagen!
Du Hirtenvolk, erschrecke nicht,
weil dir die Engel sagen,
dass dieses schwache Knäbelein
soll unser Trost und Freude sein,
dazu den Satan zwingen
und letztlich Frieden bringen.

Willkommen, süßer Bräutigam,
Du König aller Ehren!
Willkommen, Jesus, Gottes Lamm,
ich will Dein Lob vermehren;
ich will Dir all mein Leben lang
von Herzen sagen Preis und Dank,
dass Du, da wir verloren,
für uns bist Mensch geboren.

Ich bin das lebendige Brot,
das aus dem Himmel
herabgekommen ist.
Wenn jemand
von diesem Brot isst,
so wird er leben
in Ewigkeit.

Das Brot aber,
das Ich geben werde,
ist Mein Fleisch,
das Ich geben werde
für das Leben der Welt.

Johannes 6,51

7

UM DAS EWIGE LEBEN ZU SCHENKEN

Unser irdischer Leib – durch die Sünde verdorben – ist dazu bestimmt, zu altern, zu verfallen und zu sterben. Alles Geld der Welt kann uns nicht vor dem natürlichen Verfall bewahren; wir brauchen ein Heilmittel vom Himmel. In Seiner Fleischwerdung bietet Christus dieses Heilmittel an. Er wurde in die Welt gesandt, um das Heilmittel für das sündige Fleisch zu sein. Weil Sein Fleisch nicht verdorben war, konnte Er Seinen Leib als Lösegeld für das Leben geben, das wir durch die Sünde verwirkt haben. Sein Leben muss gegen das unsere eingetauscht werden, damit wir verschont bleiben.

Auf verblüffende Weise lehrt Jesus Seine Jünger, dass Sein Leib und Sein Blut – genauso wie echtes Brot und echter Wein – diejenigen segnen werden, die sich von Ihm ernähren. Er sagt in Johannes 6,53-54: *»Wenn ihr nicht das Fleisch des Menschensohnes esst und Sein Blut trinkt, so habt ihr kein Leben in euch. Wer Mein Fleisch isst und Mein Blut trinkt, der hat ewiges Leben, und Ich werde* *ihn auferwecken am letzten Tag.«* Er stellt sich Selbst als die Speise und den Trank des ewigen Lebens vor. Der Puritaner und Bibelkommentator Matthew Henry bemerkte: »Alles andere, was wir essen, ist ein Schatten im Vergleich zu Christus.« Die Gläubigen dürfen nicht nur an Jesus denken oder über Ihn reden, sie sollen sich auch an Ihm erquicken und satt werden.

Wie können wir uns an Ihm erquicken? Nun, wir sollten zunächst klarstellen, dass sich die Ausdrucksweise Jesu in Johannes 6 nicht auf eine physische, sondern auf die geistliche Handlung bezieht, die darin besteht, dass wir uns von Ihm in unseren Herzen durch den Glauben geistlich ernähren.

Erstens entwickeln wir einen Appetit auf Christus, indem wir Ihm unser Herz anvertrauen und wissen, dass nur Er unsere tiefsten Sehnsüchte stillen kann. So lernen wir, von Christus zu sagen: *»O Gott, Du bist mein Gott; früh suche ich Dich! Meine Seele dürstet nach Dir; mein Fleisch schmachtet nach Dir in einem dürren, lechzenden Land ohne Wasser ... Meine Seele wird satt wie von Fett und Mark, und mit jauchzenden Lippen lobt Dich mein Mund« (Ps. 63,2.6).*

Zweitens sinnen wir über Ihn nach. Wir müssen uns an alles erinnern und über alles nachdenken, was wir über Christus erfahren. Wir denken über Seine Namen nach, Seine Eigenschaften, Seine Werke und Seine Worte. Dann wenden wir jede Einzelheit Seiner Person und Seines Werkes auf unser Leben an.

Drittens erfreuen wir uns an Ihm. Gott hat uns die Speisen nicht nur zur körperlichen Stärkung gegeben, sondern auch, um uns zu erfreuen. Christus ist nun nicht nur die Speise, die wir brauchen; Er ist auch die Speise, die wir begehren, und unser Teil für immer (Ps. 73,25-26). Wir stimmen mit dem Psalmisten ein und rufen: *»Schmeckt und seht, wie freundlich der HERR ist; wohl dem, der auf Ihn traut!« (Ps. 34,9).*

Und schließlich müssen wir uns regelmäßig von Ihm ernähren. Unser Körper muss auch täglich mit Nahrung versorgt werden, um gesund und stark zu bleiben. Als Gott in der Wüste das Manna herabregnen ließ, musste Sein Volk es täglich einsammeln (2.Mo. 16,4-5). Einige von uns haben nur wenig geistliche Vitalität, weil wir es versäumen, uns tagtäglich von Christus zu ernähren. Mit der Zeit leiden wir dann an geistlicher Appetitlosigkeit. Wir müssen erkennen, dass jeder Teil der Heiligen Schrift von Christus spricht (Joh. 5,39). Wenn wir also einen Teil von Gottes Wort lesen, sollten wir uns jedes Mal fragen, inwiefern dieser von Ihm zeugt. Wir machen Christus zu unserer täglichen Lieblingsspeise.

Wenn wir uns zu einer Mahlzeit hinsetzen, sollten wir das essen, was gut für unseren Körper ist. Mit Gottes Segen wird unser tägliches Brot uns erhalten. Etwas

Ähnliches geschieht, wenn wir uns durch den Glauben von Christus ernähren.

Ein Glaubensbekenntnis erklärt die Analogie zwischen irdischem und himmlischem Brot: »Wie aber Gott das irdische und wirkliche Brot als geeignet zur Erhaltung dieses fleischlichen und irdischen Lebens verordnet hat, das, wie das Leben selbst, allen gemeinsam ist, so hat Gott auch zur Erhaltung des geistigen und himmlischen Lebens, das den Gläubigen eigen ist, das lebendig machende Brot gesandt, das vom Himmel stieg, nämlich Jesus Christus; Dieser nährt und erhält das geistige Leben der Gläubigen, wenn Er genossen, das ist im Geiste durch den Glauben aufgenommen und empfangen, wird.«

Diese Lehre ist oft missverstanden worden, und die Christen in der Urgemeinde wurden verfolgt, weil man fälschlicherweise glaubte, sie seien »Kannibalen« und feierten geheime Feste, bei denen sie Menschenfleisch essen und Menschenblut trinken würden. In gewissem Sinn stimmte das; die Christen aßen und tranken zwar kein physisches Fleisch und Blut, aber sie aßen und tranken geistlich, und zwar durch den Glauben.

Um vom Brot des Lebens essen zu können, muss das Brot zuerst gebrochen werden. Der Leib Christi wurde am Kreuz gebrochen, damit wir an Seinem Leben teilhaben können. Christus ist wirklich gekommen, um uns das ewige Leben zu schenken.

*Als nun Jesus geboren war
in Bethlehem in Judäa, in den Tagen
des Königs Herodes, siehe, da kamen
Weise aus dem Morgenland nach
Jerusalem, die sprachen:*

*Wo ist der neugeborene König der Juden?
Denn wir haben Seinen Stern
im Morgenland gesehen
und sind gekommen,
um Ihn anzubeten!*

*… und sie gingen in das Haus
hinein und fanden das Kind
samt Maria, Seiner Mutter.
Da fielen sie nieder und beteten Es an;
und sie öffneten ihre Schatzkästchen
und brachten Ihm Gaben:
Gold, Weihrauch und Myrrhe.*

Matthäus 2,1-2.11

8

UM ANBETUNG ZU EMPFANGEN

Was für ein Vorrecht hatten die Weisen! Sie waren die ersten Heiden, die Christus im Fleisch sahen (Joh. 1,14). In Erfüllung von Davids Prophezeiung in Psalm 22,28-31 beteten sie das Christuskind an und beschenkten es:

> *»Daran werden gedenken und zum HERRN umkehren alle Enden der Erde, und vor Dir werden anbeten alle Geschlechter der Heiden. Denn das Königreich gehört dem HERRN, und Er ist Herrscher über die Nationen. Es werden essen und anbeten alle Großen der Erde; vor Ihm werden ihre Knie beugen alle, die in den Staub hinabfahren, und wer seine Seele nicht lebendig erhalten kann. Ein Same wird Ihm dienen, wird dem Herrn als Geschlecht zugezählt werden.«*

Die Weisen verstanden, dass Christus kam, um angebetet zu werden. Auch wenn Christus heute nicht physisch unter uns weilt, müssen wir Ihn dennoch ehrfürchtig anbeten. Wir müssen dem Beispiel der

Jünger Christi folgen, die Seine Himmelfahrt miterlebten und sich daraufhin in Anbetung vor Ihm niederwarfen. In Lukas 24,52 heißt es: *»Und sie warfen sich anbetend vor Ihm nieder«.*

Diese Weisen aus dem Morgenland können uns lehren, wie man Christus heute anzubeten hat.

Um Christus anzubeten, müssen wir Ihn *erstens* suchen, wie es die Weisen taten. Mit derselben Dringlichkeit, mit der die Weisen Christus suchten, müssen auch wir *»... den HERRN [suchen], solange Er zu finden ist« (Jes. 55,6).* Wir suchen Christus nicht in Bethlehem. Wir suchen Ihn vielmehr im Himmel, wo Er zur Rechten Gottes regiert. Christus kam auf die Erde, um hier zu leben, zu dienen, zu leiden und zu sterben, vom Tod aufzuerstehen und in den Himmel aufzufahren, wo Er uns als Sein Volk vor dem Vater vertritt. Gott hat die Weisen durch einen Stern nach Bethlehem geführt. Aber Christus ist Selbst unser *»leuchtender Morgenstern«* (2.Pt. 1,19; Off. 22,16), und Sein gepredigtes Wort und Sein Geist ziehen auch heute noch verlorene Sünder zu Gott. Gott wirkt in unseren Herzen, damit wir Christus suchen (Ps. 27,8), anstatt uns vor Gott zu verstecken (1.Mo. 3,8). Die wichtigste Art und Weise, Christus zu suchen, ist der öffentliche Gottesdienst in Seiner Gemeinde.

Der Schreiber des Hebräerbriefs macht die verblüffende Feststellung, dass die Gläubigen des Neuen Bundes *»zu dem Berg Zion und zu der Stadt des lebendigen Gottes, dem himmlischen Jerusalem, und zu Zehntausenden von Engeln, zu der Festversammlung und zu der Gemeinde der*

Erstgeborenen, die im Himmel angeschrieben sind, und zu Gott, dem Richter über alle, und zu den Geistern der vollendeten Gerechten, und zu Jesus, dem Mittler des neuen Bundes, und zu dem Blut der Besprengung, das Besseres redet als [das Blut] Abels« (12,22-24), zusammengekommen sind, wohingegen die Israeliten Ägypten verließen, um Gott auf dem Berg Sinai anzubeten.

Zweitens finden wir wahre Freude in Christus, wenn wir Ihn ehrfürchtig anbeten. Es heißt, dass die Weisen, als sie Christus suchten, *»sehr hocherfreut«* wurden (Mt. 2,10). Besonders die Ankunft Christi lehrt uns die Freude darüber, Jesus zu erwarten. Die Pilgerreise des Christen ist durchzogen von Prüfungen und Schwierigkeiten; aber der strahlende Glanz des Einen, den wir suchen, verwandelt unsere Trauer in Freude (Ps. 30,12). In Jesaja 35,10 heißt es: *»Und die Erlösten des HERRN werden zurückkehren und nach Zion kommen mit Jauchzen. Ewige Freude wird über ihrem Haupt sein; Wonne und Freude werden sie erlangen, aber Kummer und Seufzen werden entfliehen!«* Und in Kolosser 1,24 sehen wir, dass diejenigen, deren höchstes Ziel es ist, Gott zu verherrlichen und sich für immer an Ihm zu erfreuen, sich auch im Leiden freuen können. Da die Gemeinschaft mit Christus sowohl unser Ziel als auch unsere gegenwärtige Realität ist, finden wir Freude auf dem Weg zu Christus wie auch bei unserer Ankunft am Bestimmungsort.

Und *drittens:* Wenn wir Christus anbeten, dann bringen wir Ihm Gaben dar, wie es die Weisen taten. Wir fragen dann, genau wie der Psalmist: *»Wie soll ich* *dem HERRN vergelten all Seine Wohltaten an mir?« (Ps. 116,12).* Wertvoller als das Gold, der Weihrauch und die Myrrhe der Weisen ist jedoch *»ein zerbrochenes und zerschlagenes Herz« (Ps. 51,19),* echter Glaube (1.Pt. 1,7), ein Gott wohlgefälliger Wandel (1.Thess. 4,1-3) und *»Opfer des Lobes« (Hebr. 13,15).* Ein gottesfürchtiger Mensch unterwirft sich der Hand Gottes und gibt sich selbst und alles, was er hat, seinem Herrn und Retter hin. Wenn wir Christus unsere Gaben darbringen, sollten wir uns der Gnade Gottes bewusst sein, denn unsere Gaben an Gott sind zunächst Seine Gaben an uns. Wie Augustinus sagte: »Wenn Gott unsere guten Werke belohnt, so krönt Er in uns nicht unser Können, sondern Seine eigenen Gaben.« In seiner Betrachtung über die Fleischwerdung schrieb Wilhelmus à Brakel: »Wenn der Herr Jesus Gott ist, wird die Betrachtung Seiner Person in unseren Herzen große Ehrfurcht erzeugen und uns veranlassen, Ihn weit über alles zu erhöhen. Sie wird uns veranlassen, vor Ihm niederzuknien, Ihn mit den Engeln anzubeten, Ihn als den Vater zu verehren, weil Er eins mit Ihm ist, und wir werden uns allen Geschöpfen im Himmel und auf Erden anschließen und ausrufen: *›Dem, der auf dem Thron sitzt, und dem Lamm gebührt das Lob und die Ehre und der Ruhm und die Macht von Ewigkeit zu Ewigkeit!‹ (Off. 5,13).«*

Christus ist gekommen, um eine solche Anbetung zu empfangen, denn Er ist ihrer ganz und gar würdig. Bist du ein wahrer Anbeter des Lammes?

Und der Engel
sprach zu ihnen:

Fürchtet euch nicht!
Denn siehe, ich verkündige
euch große Freude,
die dem ganzen Volk
widerfahren soll.

Lukas 2,10

9

UM GROSSE FREUDE ZU BRINGEN

Bei allem Respekt vor Präsident Franklin D. Roosevelt: Nicht jede Furcht ist zu fürchten.[2] Manche Furcht ist völlig vernünftig. So ist es zum Beispiel verständlich, dass die Hirten sich in jener Nacht, als Gott die Geburt Seines Sohnes ankündigte, sehr fürchteten (Lk. 2,9). Sie hatten sich um ihre eigene Aufgabe gekümmert und *»bewachten ihre Herde in der Nacht« (Lk. 2,8)*, als plötzlich die Dunkelheit von einem großen Licht durchbrochen wurde. Direkt vor ihren Augen stand ein Engel des Herrn. Lukas berichtet von den Hirten: *»… sie fürchteten sich sehr« (2,9)*. Wie passend ist es daher, dass der Engel im nächsten Vers *»große Freude«* verkündet. Jesus ist gekommen, um große Furcht in große Freude zu verwandeln.

Die alttestamentlichen Weissagungen über den kommenden Messias klingen voller Freude. Jesaja sah

---

[2] Roosevelt sagte einmal:
»Das Einzige, was wir zu fürchten haben, ist die Furcht selbst.«

voraus, dass diejenigen, die von der Geburt Christi hörten, sich freuen würden, *»wie man sich in der Ernte freut, wie [die Sieger] jubeln, wenn sie Beute verteilen ... Denn ein Kind ist uns geboren, ein Sohn ist uns gegeben« (Jes. 9,2.5).* Die Heiligen, die dem Kommen Christi freudig entgegensahen, konnten dann sagen: *»Seht, das ist unser Gott, auf den wir gehofft haben, dass Er uns rette; das ist der HERR, auf den wir hofften; nun lasst uns frohlocken und fröhlich sein in Seiner Rettung!« (Jes. 25,9).* Jesus Selbst sagte: *»Denn Ich sage euch, viele Propheten und Könige wünschten zu sehen, was ihr seht« (Lk. 10,24).*

Während Seines Wirkens auf der Erde ist Jesus diesem Grund Seines Kommens gerecht geworden. Johannes der Täufer, der um Jesu willen so viel Leid durch die Hand böser Menschen ertragen musste, sagte von Ihm: *»Wer die Braut hat, der ist der Bräutigam; der Freund des Bräutigams aber, der dasteht und Ihn hört, ist hocherfreut über die Stimme des Bräutigams. Diese meine Freude ist nun erfüllt« (Joh. 3,29).* Schon der Klang der Stimme Jesu erfreute das Herz von Johannes dem Täufer. Sogar bevor er geboren wurde, hüpfte Johannes vor Freude im Leib seiner Mutter (Lk. 1,44).

Gegen Ende des irdischen Wirkens Jesu, als das Kreuz sich dunkel über Ihm und Seinen Jüngern erhob, durchdrang die Botschaft der Freude die Finsternis. Jesus erinnerte Seine Jünger an die unerschütterliche Liebe Gottes zu den Seinen, indem Er ihnen zusicherte: *»Gleichwie Mich der Vater liebt, so liebe Ich euch; bleibt in Meiner Liebe!« (Joh. 15,9).* Dann half Jesus Seinen Jüngern, diese großartige Wahrheit Seiner bleibenden Liebe anzuwenden: »*Dies habe Ich zu euch geredet, damit Meine Freude in euch bleibe und eure Freude völlig werde*« *(Joh. 15,11).*

Im Lukasevangelium sehen wir, wie sich Furcht in Freude verwandelt, als die Geburt Jesu angekündigt wird. Interessanterweise geschieht das Gleiche in Lukas 24,37, als der auferstandene Jesus plötzlich mitten unter den Jüngern erscheint. Im ersten Moment sind sie »*bestürzt und voll Furcht*«, aber ein paar Verse später werden sie von Freude überwältigt (24,41). Lukas schließt sein Evangelium mit diesen Worten: »*Und sie warfen sich anbetend vor Ihm nieder und kehrten nach Jerusalem zurück mit großer Freude; und sie waren allezeit im Tempel und priesen und lobten Gott*« *(24,52-53; vgl. Joh. 16,20-24).* Christus erfüllte Seine Jünger mit der Art von Freude, die selbst die Traurigkeit über den Tod eines lieben Freundes überwindet.

Jesus kam auf die Erde, um echte Freude zu bringen und zu zeigen, wo man sie finden kann. Die Menschen suchen ihre Freude im Essen, Trinken, bei Freunden, in der Familie, bei der Arbeit und in der Freizeit. Als Gläubige finden auch wir in diesen Dingen eine gewisse Befriedigung. Aber weil die Dinge dieser Welt vergänglich sind, dürfen wir in ihnen nicht die höchste Freude suchen, und sie sollten uns auch nicht Anlass geben, an ihnen zu verzweifeln. Tatsächlich sollten Christen erwarten, dass die Welt sie *nicht* zufriedenstellt.

Jemand sagte einmal: »Wenn wir ein Verlangen haben, das durch nichts in dieser Welt gestillt werden kann, dann ist die wahrscheinlichste Erklärung dafür, dass wir für eine andere Welt geschaffen wurden.« Und während wir in dieser Welt sind, müssen wir erwarten, Freude in einer höheren Quelle zu finden, denn in Römer 14,17 heißt es: »*Denn das Reich Gottes ist nicht Essen und Trinken, sondern Gerechtigkeit, Friede und Freude im Heiligen Geist.*«

Nur wenige von uns haben jemals eine solche Gabe erhalten, die wir wirklich als unaussprechlich oder unbeschreiblich bezeichnen würden. Manche Gaben sind besser als andere, aber normalerweise können wir sie beschreiben. In 2. Korinther 9 schreibt Paulus über die Fleischwerdung Christi. Am Ende des Kapitels sagt er: »*Gott aber sei Dank für Seine unaussprechliche Gabe!« (V. 15).* Selbst Paulus, ein begnadeter Verkündiger, konnte das Wunder dieser Gabe nicht in Worte fassen! Wenn wir über die Fleischwerdung nachdenken, sollten auch wir von freudigem Staunen und Dankbarkeit erfüllt sein.

Wilhelmus à Brakel erklärt: »Der Grund, warum man sich nicht über die Fleischwerdung freut, ist der Mangel an heiliger Betrachtung des Themas, Seiner erstaunlichen Natur, der Verheißungen, der Person, der Früchte und dieses großen Heils, das durch Sein Leiden und Seinen Tod bewirkt wurde. Welchen Grund zur Freude hätte denn jemand, der nicht aufmerksam darüber nachdenkt?« [3]

---

3 Brakel, Christian's Reasonable Service.

Denn ihr sollt so gesinnt sein,
wie es Christus Jesus auch war, der,
als Er in der Gestalt Gottes war,
es nicht wie einen Raub festhielt,
Gott gleich zu sein; sondern Er entäußerte
sich Selbst, nahm die Gestalt eines
Knechtes an und wurde wie die Menschen;
und in Seiner äußeren Erscheinung
als ein Mensch erfunden,
erniedrigte Er sich Selbst und wurde
gehorsam bis zum Tod,
ja bis zum Tod am Kreuz.

Philipper 2,5-8

10

UM WAHRE DEMUT ZU VERANSCHAU-LICHEN

Philipper 2,3-4 befiehlt uns, demütig zu sein: *»Tut nichts aus Selbstsucht oder nichtigem Ehrgeiz, sondern in Demut achte einer den anderen höher als sich selbst. Jeder schaue nicht auf das Seine, sondern jeder auf das des anderen.«*

Das Wort *demütig* bedeutet wörtlich »niedrig« und jemanden zu demütigen bedeutet, ihn zu erniedrigen, ihn auf minderwertige Umstände zu reduzieren oder ihm einen niedrigeren Rang oder Platz zuzuweisen. Wir demütigen uns selbst, indem wir uns bescheiden verhalten, anderen den Vorrang geben, uns selbst strenger beurteilen als andere, und indem wir das Gute in anderen mehr hervorheben als in uns selbst. Gott befiehlt uns, dass wir uns vor Ihm und vor unseren Mitmenschen demütigen sollen.

Aber wie sieht Demut eigentlich ganz praktisch aus? Und wie oft erleben wir wahre Demut in Aktion? Obwohl Demut während der gesamten Zeit des Alten

Testaments strengstens befohlen wurde, hat niemand jemals ein perfektes Beispiel für Demut erlebt (Mi. 6,8). Selbst Mose, den die Heilige Schrift als den sanftmütigsten Menschen auf Erden bezeichnet, war nicht immer demütig (4.Mo. 12,3; 20,11-12).

Dann wurde Christus geboren. Bei Seiner Geburt nahm die Demut Fleisch und Blut an. Wenn Demütigung bedeutet, sich selbst zugunsten anderer auf einen niedrigeren Status zu reduzieren, dann hat das niemand in größerem Ausmaß getan als Jesus. Charles Spurgeon sagte, dass in der Fleischwerdung Christi »die Allmacht Gottes sich zur Kraftlosigkeit des Menschen herabsenkt und die unendliche Majestät sich zur Gebrechlichkeit des Menschen herabbeugt«. In Christus wurde »der Unendliche zu einem Kind«.

Indem er uns anweist, demütig zu sein, bietet Paulus ein lebendiges, greifbares Beispiel der Demut. Er sagt: *»Denn ihr sollt so gesinnt sein, wie es Christus Jesus auch war« (Phil. 2,5).* Paulus erinnert uns in Vers 8 daran, dass Jesus, der in der Gestalt Gottes war, sich Selbst erniedrigt hat. Das ist eine der größten Erniedrigungen aller Zeiten. Von keiner höheren Position hätte Christus kommen können, und zu keiner niedrigeren hätte Er herabsteigen können. Obwohl Er in der Gestalt Gottes war, war Er willig, ein Mensch zu werden. Er wurde nicht nur ein Mensch, Er wurde ein gewöhnlicher Mensch.

Er ließ es sich gefallen, von einer Frau niederen Standes geboren zu werden, und zwar unter verschiedenen Umständen von ungewöhnlicher Erniedrigung. Er wurde nicht nur ein gewöhnlicher Mensch, Er diente auch bereitwillig anderen gewöhnlichen Menschen und beugte sich sogar herab, um ihre staubigen Füße zu waschen.

Keine einzige Aufgabe war unter der Würde von Christus als dem Knecht des Herrn. Er diente nicht nur anderen Menschen, sondern gab auch Sein Leben für sie hin. Er gab Sein Leben nicht nur hin, sondern Er tat dies sogar an einem Kreuz, einem von Gott verfluchten Todeswerkzeug. Während Er an diesem Kreuz hing, stieg Er in das Totenreich hinab und trug unsere Sünden und Schande. Er gab willentlich Seine Position der Herrlichkeit zur Rechten Seines Vaters auf, um das Objekt des gerechten Zorns Seines Vaters gegen die Sünde zu werden. Weit mehr als der erste Adam erfuhr Christus die Bitterkeit, aus dem herrlichen Himmel in eine verdorbene und feindliche Welt zu treten (Röm. 5,12-21).

Ohne das Beispiel Christi könnten wir uns alles Mögliche ausdenken, um die Aufforderung zur Demut zu entkräften. Aber in Seinem Kommen auf die Erde entlarvt Christus alle unsere Einwände gegen die Demut als bösartigen Stolz. Wenn wir mit den Anforderungen der Demut konfrontiert werden, können wir niemals zu Gott sagen: »Du weißt nicht, wie es ist, sich *so tief* zu erniedrigen!« Christus kam, um wahre Demut zu veranschaulichen. Deshalb sagt Paulus: *»Denn ihr sollt* ***so*** *gesinnt sein, wie es Christus Jesus auch war.«*

Aber Christus hat sich auch Selbst erniedrigt, um später erhöht werden zu können. Als Jesus sagte: *»Glückselig sind die Sanftmütigen, denn sie werden das Land erben!« (Mt. 5,5)*, sprach Er zunächst einmal von sich Selbst (Mt. 11,29). Doch Er schloss auch die Gläubigen mit ein, denn in Gottes Haushaltung führt der Weg zuerst nach unten und dann nach oben. Jesus verheißt: *»Wer nun sich selbst erniedrigt wie dieses Kind, der ist der Größte im Reich der Himmel« (Mt. 18,4)*. Demütige dich, damit Gott dich eines Tages zu Höhen der Herrlichkeit erheben kann, die heute noch unvorstellbar sind (vgl. Jak. 4,10; 1.Pt. 5,6)!

»Der Geist des Herrn ist auf Mir,
weil Er Mich gesalbt hat,
den Armen frohe Botschaft zu verkünden;
Er hat Mich gesandt, zu heilen,
die zerbrochenen Herzens sind,
Gefangenen Befreiung zu verkünden und
den Blinden, dass sie wieder sehend werden,
Zerschlagene in Freiheit zu setzen …«

Er aber sprach zu ihnen:
Ich muss auch den anderen Städten
das Evangelium vom Reich Gottes verkündigen;
denn dazu bin Ich gesandt.

Lukas 4,18.43

11

UM DAS EVANGELIUM ZU VERKÜNDIGEN

Jesaja prophezeite in einer Zeit des starken geistlichen Niedergangs im Volk Gottes. Es war eine dunkle Zeit, in der Israel seinen Gott verlassen hatte. Obwohl es äußerlich wohlhabend war, ergötzte sich das Volk an den Vergnügungen der Welt, anstatt Gott für diese Segnungen dankbar zu sein. Aus diesem Grund wurde Jesaja beauftragt, Gottes Gericht über Israel anzukündigen. Zu gegebener Zeit würde Gott die assyrische Armee schicken, um das Land Juda zu verwüsten und Jerusalem zu belagern. Im Jahr 722 v. Chr. wurden viele Israeliten aus dem Nordreich ins Exil nach Assyrien verschleppt und sollten nie wieder zurückkehren.

Trotz dieser erschreckenden Prophezeiung beauftragte Gott Jesaja, dem wahren Volk Gottes Hoffnung zu geben (Jesaja 40-66). Entsprechend dem Wort des Herrn kündigte Jesaja den Sturz der Unterdrücker des Volkes Gottes an und sagte voraus, dass ein Überrest von ihnen eines Tages in das verheißene Land zurückkehren würde.

Er forderte diesen Überrest auf, dem Herrn nach ihrer Rückkehr treu zu bleiben. Wahrhaftig, Jesaja konnte sagen: *»Der Geist des HERRN, des Herrschers, ist auf mir, weil der HERR mich gesalbt hat, den Armen frohe Botschaft zu verkünden« (Jes. 61,1).* Aber Jesaja sprach in dieser Prophezeiung nicht ausschließlich von sich selbst, und seine frohe Botschaft war auch nicht nur für die armen Menschen bestimmt, die zur Zeit des geteilten Königreiches lebten.

Mehr als siebenhundert Jahre nach Jesaja betrat ein relativ unbekannter Zimmermannssohn aus der kleinen Stadt Nazareth am Sabbat die Synagoge Seiner Heimatstadt und stand auf, um vorzulesen. Man reichte Ihm die Schriftrolle des Jesaja. Er rollte die Buchrolle auf und las die Prophezeiung über Den, der den Geist des Herrn auf sich hatte und gesalbt war, den Armen das Evangelium zu verkünden. Dann rollte er die Buchrolle zusammen, reichte sie dem Diener zurück und setzte sich, um zu lehren. Die Augen aller in der Synagoge waren auf Ihn gerichtet, besonders als Er sagte: *»Heute ist diese Schrift erfüllt vor euren Ohren!« (Lk. 4,21).* Derjenige, den der Geist gesalbt hatte, um das Evangelium zu verkünden, war hier. Es war Jesus.

Jesus kam auf die Erde, um gesalbt zu werden und den Armen das Evangelium mit Vollmacht zu predigen bzw. zu verkünden. Genau wie diejenigen, die Jesajas Botschaft hörten, brauchten auch die Zuhörer Jesu frohe

Botschaft. Obwohl sie sich in ihrem eigenen Land befanden, wurde Israel von den Römern unterdrückt. Die Frohe Botschaft, die Jesus verkündete, bestand nicht darin, dass die Römer gestürzt würden (auch wenn dies schlussendlich geschehen würde), sondern dass Er gekommen war, um die Sünder von ihrer Sünde und von sich selbst zu befreien.

Wenn man diesen Abschnitt bei einer Familienandacht vorlesen würde, könnte ein kleines Kind nun die Frage stellen: »Wenn Jesus gekommen ist, um den *Armen* das Evangelium zu verkünden, ist Er dann auch gekommen, um zu uns zu predigen? Wir sind doch nicht arm.« Natürlich können sowohl Fürsten als auch Bettler arm sein, denn die gesamte Menschheit hat durch Adams Sünde im Garten Eden ihre geistliche Würde verloren.

Der Mensch – als Ebenbild Gottes – spiegelte vor dem Sündenfall die Weisheit, Gerechtigkeit und Heiligkeit Gottes wider. Der Mensch ist in seinem Verstand mit der wahren und heilbringenden Erkenntnis seines Schöpfers und der geistlichen Dinge geschmückt. Adam kannte Gott wirklich. Er wandelte und sprach mit Ihm. Sein Herz und sein Wille waren aufrichtig und seinem Schöpfer gegenüber positiv eingestellt. Er stimmte mit Gott überein. Alle seine Neigungen waren rein. Adam hatte keine zwiespältigen Motive. Es war leicht, der Sünde zu widerstehen. Natürlich musste er der Frucht des verbotenen Baumes widerstehen, aber sein Widerstand war nicht wie der eines Gläubigen heute, der sich mit der Versuchung herumquält. In seinem ursprünglichen Zustand war der Mensch nicht der Sünde zugeneigt. Wie reich war er doch!

Doch wie arm sind wir! Unsere Sünden haben uns von Gott verbannt. Von Natur aus sind wir dazu geneigt, Gott und unseren Nächsten zu ignorieren und sogar zu hassen. Wir müssen die Frohe Botschaft hören, die Christus uns zu verkünden gekommen ist. Wir müssen erkennen, *»wie lieblich … die Füße des Freudenboten [sind], der Frieden verkündigt, der gute Botschaft bringt, der das Heil verkündigt, der zu Zion sagt: Dein Gott herrscht als König!« (Jes. 52,7)*. In Psalm 40,10-11 vergegenwärtigt sich David, wie Christus zu Seinem Volk predigt, und wir müssen Ihn anhören:

> *»Ich habe Gerechtigkeit als frohe Botschaft verkündigt in der großen Gemeinde; siehe, Ich will Meine Lippen nicht verschließen, HERR, das weißt Du! Deine Gerechtigkeit verbarg Ich nicht in Meinem Herzen, Ich redete von Deiner Wahrheit und von Deinem Heil; Deine Gnade und Wahrheit verschwieg Ich nicht vor der großen Gemeinde.«*

Und Jesus sprach:

Ich bin zum Gericht in diese Welt gekommen, damit die, welche nicht sehen, sehend werden und die, welche sehen, blind werden. Und dies hörten etliche der Pharisäer, die bei Ihm waren, und sprachen zu Ihm: Sind denn auch wir blind? Jesus sprach zu ihnen: Wenn ihr blind wärt, so hättet ihr keine Sünde; nun sagt ihr aber: Wir sind sehend! — deshalb bleibt eure Sünde.

Johannes 9,39-41

12

UM GERICHT ZU BRINGEN

Kannst du dir eine Weihnachtskarte vorstellen, auf der die Worte Jesu aus Johannes 9,39 zitiert werden: *»Ich bin zum Gericht in diese Welt gekommen«*? Das wäre vermutlich nicht gerade ein Bestseller, oder?

In der heutigen Zeit ist es unpopulär, über andere zu urteilen. Der Satz »Verurteile mich nicht!« ist zu einer Standardverteidigung für fragwürdiges Verhalten geworden. Christen, die den Anschein erwecken, über andere zu richten, werden auf verschiedene Weise gefragt: »Wer bist du, dass du mich richtest?« Menschen, die nur wenig über die Bibel wissen, können immer noch die Worte Jesu aus der Bergpredigt zitieren: *»Richtet nicht, damit ihr nicht gerichtet werdet!« (Mt. 7,1)*. Wir könnten die Menschen von heute mit dem verhängnisvollen Refrain aus dem Buch der Richter beschreiben: *»Jeder tat, was recht war in seinen Augen« (Ri. 17,6; 21,25)*. Manche Menschen sind in ihrer Selbstverteidigungshaltung sogar so kühn zu sagen: »Gott allein ist mein Richter.«

Andererseits behaupten manche Menschen in ihrer Naivität: »Mein Gott richtet nicht.« Und einige Texte, die unachtsam gelesen werden, scheinen dem zuzustimmen. In Johannes 12 sagt Jesus, dass Er als Licht in eine dunkle Welt gekommen ist. Dann sagt Er: *»Und wenn jemand Meine Worte hört und nicht glaubt, so richte Ich ihn nicht; denn Ich bin nicht gekommen, um die Welt zu richten, sondern damit Ich die Welt rette.«* Aber Er fährt fort: *»Wer Mich verwirft und Meine Worte nicht annimmt, der hat schon seinen Richter: Das Wort, das Ich geredet habe, das wird ihn richten am letzten Tag« (V. 46-48).*

Im Laufe von vier Kapiteln berichtet Johannes, dass Jesus sowohl sagte: *»Ich bin nicht gekommen, um die Welt zu richten«*, als auch: *»Ich bin zum Gericht in diese Welt gekommen« (Joh. 9,39).* Natürlich sind beide Aussagen wahr. Richten bedeutet, die Wahrheit vom Irrtum zu unterscheiden sowie das Gute zu verteidigen und das Falsche zu verurteilen. Das Licht fällt ein Urteil, indem es aufdeckt, was in der Finsternis verborgen war. Es zwingt uns, der Realität ins Auge zu sehen. In einem schlecht beleuchteten Raum bemerkt man weder einen fleckigen Teppich noch abblätternde Tapeten. Man übersieht aber auch die Schönheit einer Stuckverzierung an der Decke. Die leibhaftige Gegenwart Christi und die Verkündigung des Evangeliums stellen den sündigen Zustand der Menschheit bloß und nötigen zu einem Urteil über das, was sonst von den Menschen – zumindest für eine Weile – missachtet werden könnte.

Aber das ist noch nicht alles. In den Worten Jesu Selbst lesen wir: »*Denn Gott hat Seinen Sohn nicht in die Welt gesandt, damit Er die Welt richte, sondern damit die Welt durch Ihn gerettet werde. Wer an Ihn glaubt, wird nicht gerichtet; wer aber nicht glaubt, der ist schon gerichtet, weil er nicht an den Namen des eingeborenen Sohnes Gottes geglaubt hat*« *(Joh. 3,17-18)*. Das erste Kommen Christi auf die Erde war ein gnadenvoller Vorbote des bevorstehenden Gerichtstages. Es ist eine freundliche Erinnerung daran, dass – zumindest für heute – die Zeit des Gerichts noch nicht gekommen ist (Hebr. 3,13; 4,7).

Ein Grund dafür, dass Jesus scheinbar gegensätzliche Ansichten über das Gericht vertritt, liegt in den unterschiedlichen Zuhörern, zu denen Er spricht. In Johannes 9 predigt Jesus zu den Pharisäern, die ihr Herz im Unglauben gegen Ihn verhärtet haben. Zu ihnen sagt Jesus: »*Ich bin zum Gericht in diese Welt gekommen*« *(V. 39)*. Er zwingt diese Ungläubigen, das Gericht Gottes zu bedenken, welches mit Bann (Jes. 34,5), Verurteilung (Röm. 5,16), schrecklichem Erwarten (Hebr. 10,27), Unnachsichtigkeit (Jak. 2,13) und Verderben (2.Pt. 3,7) einhergeht. Im Gegensatz dazu spricht Jesus in Johannes 12 zu Menschen, die an Ihn glauben, sich aber aufgrund der Drohung der Pharisäer, sie aus der Synagoge auszuschließen, nicht zu Ihm bekennen (V. 42). Dies war bereits bei dem Mann geschehen, den Jesus von seiner Blindheit geheilt hatte (Joh. 9,34). An diese Zuhörer wendet sich Jesus, konfrontiert sie mit ihrer Schuld und fordert sie auf, an Ihn zu glauben und nicht länger in der Finsternis zu wandeln, damit sie am letzten Tag nicht durch Sein Wort gerichtet werden.

Christus richtet die Menschen auch heute noch. Er schenkt den Blinden das Augenlicht und entzieht es denen, die behaupten, die Wahrheit zu sehen, was aber nicht stimmt. Was ist deine Reaktion auf Jesus, das Licht der Welt? Bist du ein schwacher, sich durchkämpfender Gläubiger, der aus dem Evangelium Jesu Christi Kraft schöpft? Oder hast du dein Herz im Unglauben und in der nichtigen Zuversicht der Selbstgerechtigkeit verhärtet? Zu den letzteren sagt Christus: *»Ich bin zum Gericht in diese Welt gekommen.«*

Denn auch der Sohn des Menschen
ist nicht gekommen, um sich dienen zu lassen,
sondern um zu dienen und Sein Leben
zu geben als Lösegeld für viele.

Markus 10,45

Unser Retter Jesus Christus
hat »sich Selbst für uns hingegeben …,
um uns von aller Gesetzlosigkeit zu erlösen
und für sich Selbst ein Volk zum
besonderen Eigentum zu reinigen,
das eifrig ist, gute Werke zu tun«.

Titus 2,14

13

UM SEIN LEBEN ALS LÖSEGELD FÜR VIELE ZU GEBEN

Wenn wir von einer Entführung hören, dann bricht es uns geradezu das Herz. Stell dir das Grauen vor, wenn du erfährst, dass jemand, den du liebst, entführt wurde. Man hört tagelang oder sogar wochenlang nichts von dem geliebten Menschen. Dann erhältst du per Post einen handgeschriebenen Brief. Er wird freigelassen, wenn du hunderttausend Euro an einem bestimmten Ort zu einer festgesetzten Zeit hinterlegst. Deine Gedanken beginnen zu rotieren. Natürlich wirst du versuchen, die Lösegeldforderung zu erfüllen. Aber wie willst du so viel Geld auftreiben? Wie kannst du sicher sein, dass das Lösegeld angenommen und dein geliebter Angehöriger freigelassen wird?

Die Heilige Schrift sagt, dass alle Menschen in Adam von der Sünde entführt und gefangen gehalten wurden; aber Christus ist auf die Erde gekommen, um Sein Volk zu erlösen, indem Er Sein Leben als Lösegeld gab. *Erlösen* bedeutet »erkaufen«. Bei der Erlösung wird ein Preis bezahlt, um eine Person aus der Macht eines anderen zu befreien. Der Theologe Charles Hodge aus dem neunzehnten Jahrhundert sagt: »Erlösung ist die Befreiung von der Macht und den Folgen der Sünde durch den Kaufpreis des Blutes Christi«.[4] Wenn wir das Erlösungswerk Christi betrachten, sollten wir uns die folgenden Fragen stellen.

1. Wovon werden die Gläubigen erlöst?

Die Bibel beantwortet diese Frage auf zweierlei Weise. Erstens sagt sie, dass Christus Sein Volk von Satan erlöst, der die Gottlosen in einen Fallstrick gelockt hat, damit sie Seinen Willen tun (2.Tim. 2,26). Christus hat mit Seinem teuren Blut für alle meine Sünden den Preis der göttlichen Gerechtigkeit vollkommen bezahlt und mich aus aller Gewalt des Teufels erlöst. Das ist eine frohe Botschaft!

In Bunyan's *Pilgerreise* stehen sich Apollyon und Christ im Tal der Demut gegenüber. Zunächst betrachtete Apollyon Christ noch als einen seiner Untertanen. Aber Christ gehörte jetzt einem anderen Herrn, dem König aller Könige, und Satan hat keinen Anspruch mehr auf die gläubigen Kinder Gottes.

Gleichermaßen sagt die Schrift, dass Ungläubige wegen ihrer Sünden unter dem Fluch des Gesetzes Got-

---

[4] Charles Hodge: »Systematic Theology«, Grand Rapids, Eerdmans

tes gefangen sind. Diese Gefangenschaft ist vor allem deshalb so bitter, weil sie uns von einem Schöpfer zu Recht auferlegt wurde, gegen den wir uns versündigt und den wir mit unserer Sünde beleidigt haben. Jesus beschreibt sie in den klarsten Worten: *»Jeder, der die Sünde tut, ist ein Knecht der Sünde« (Joh. 8,34).* Ungläubige sind permanente Gesetzesbrecher (Röm. 14,23). Die Gesetzlosigkeit hat sie in Geiselhaft genommen, und sie können diesem Feind nicht entfliehen. Der gefallene Mensch muss aus der Sklaverei befreit werden. Und Christus ist gekommen, um uns aus dieser Gefangenschaft zu befreien.

2. Wodurch werden die Gläubigen erlöst?

Christus Selbst hat das Lösegeld für unsere Sünden bezahlt. Christus wurde ein Mensch, um Seine Gemeinde mit Seinem eigenen Blut zu erwerben (Apg. 20,28). Er hat sich für uns hingegeben und ist an unserer Stelle gestorben, damit Er uns erlösen konnte. Christus willigte ein, von Gott für all unsere Gesetzlosigkeit bestraft zu werden. Er konnte sich Selbst als Lösegeld anbieten, weil Er kein Sklave der Sünde war.

Christus kann uns auch von der Gesetzlosigkeit erlösen, weil Er sich vollkommen an das Gesetz gehalten hat. Deshalb ist der Gehorsam Christi so wichtig für unsere Erlösung. In Psalm 69,5 weissagt David, dass Christus als der Gerechte, der für die Ungerechten Rückerstattung leistet, sagen wird: *»Was Ich nicht geraubt habe, das* *soll Ich erstatten!«* Gott erlöst uns, indem Er den stellvertretenden Tod Seines lieben Sohnes annimmt.

3. Wozu werden die Gläubigen erlöst?

Kurz gesagt: Christus erlöst uns, damit wir gehorsam sein können. In Römer 6,18 heißt es: *»Nachdem ihr aber von der Sünde befreit wurdet, seid ihr der Gerechtigkeit dienstbar geworden.«* In Christus haben wir sowohl den Wunsch als auch die Fähigkeit, Gottes Gesetz zu halten. Deshalb sind wir durch unsere Freiheit in Christus verpflichtet, im Lichte des Gesetzes Gottes zu wandeln, welches der Ausdruck Seines heiligen Willens für unser Leben ist.

Durch die Erlösung hat Christus uns für sich Selbst erworben. Die Gläubigen gehören zu Christus (2.Kor. 5,14-15) als *»ein Volk zum besonderen Eigentum« (Tit. 2,14),* was nichts anderes bedeutet, als dass wir Ihm und nur Ihm gehören. Durch die Erlösung wird Christus zu unserem Retter und Herrn. Wenn du erlöst worden bist, hast du einen neuen Herrn, dem du ewige Treue schuldest.

Dreimal versprach Apollyon Christ in der Pilgerreise, dass alles gut werden würde, wenn er nur wieder in die Stadt Verderben zurückkehren und ihm dienen würde. Christ durchschaute diese Lüge: »Ich habe mich Ihm [Christus] ergeben und Ihm Treue geschworen ... Und außerdem, (o du Verderber Apollyon), wisse, wenn ich die Wahrheit sagen soll, ich ziehe Seinen Dienst, Seinen Sold und Lohn, Seine Diener, Seine Regierung, Sein Volk und Sein Land dem deinen vor; darum höre auf, mich länger zu bereden. Es bleibt dabei, ich bin Sein Knecht, und Ihm will ich fortan folgen.«[5] Wenn wir von Gott erkauft worden sind, dann ist es uns eine Freude, Ihm zu dienen.

Nehmen wir einmal an, in deiner Stadt habe eine Entführung stattgefunden, und das Opfer wäre ein äußerst rebellisches Kind aus einer völlig zerrütteten Familie gewesen. In der Lösegeldforderung wurden nicht hunderttausend Euro verlangt, sondern dein Kind im Austausch gegen das böse Kind. Du würdest einem solchen Tausch nicht zustimmen. Aber Christus kam, um Sein Leben als Lösegeld für rebellische, verhaltensgestörte Kinder wie dich und mich zu geben.

[5] John Bunyan: »Die Pilgerreise«, SCM R.Brockhaus

Schau ich zu Deinem Kreuze hin

When I Survey the Wondrous Cross

Text: Isaac Watts (1674-1748)
Deutsch: Günter Balders

1. Schau ich zu Deinem Kreuze hin,
wo Du für mich gestorben bist,
zu Schaden wird, was sonst Gewinn,
was einst mein Stolz gewesen ist.

2. Dein Kreuz zerstört den falschen Ruhm;
durch Deinen Tod bin ich befreit,
gebunden als Dein Eigentum
an Dich allein für alle Zeit.

3. Sieh an Sein dorngekröntes Haupt,
aus Seinen Wunden quillt Sein Blut,
und wer an solche Liebe glaubt,
dem kommt Sein Kreuzesschmerz zugut.

4. Was ich zum Dank auch gebe Dir,
die ganze Welt ist noch zu klein;
der Dank für diese Liebe hier
kann nur mein eignes Leben sein.

*Ihr sollt nicht meinen,
dass Ich gekommen sei, um das Gesetz
oder die Propheten aufzulösen.
Ich bin nicht gekommen, um aufzulösen,
sondern um zu erfüllen!*

Matthäus 5,17

14

UM DAS GESETZ UND DIE PROPHETEN ZU ERFÜLLEN

Das griechische Wort für erfüllen bedeutet ausfüllen, vollenden, ausführen oder durchführen. Eine Prophezeiung zu erfüllen bedeutet, das, was vorhergesagt wurde, in die Praxis umzusetzen. Das Gesetz zu erfüllen bedeutet, dessen Gebote zu befolgen und seine Vorschriften in die Praxis umzusetzen. In Matthäus 5 sagt Christus, dass vor Seinem Kommen auf die Erde das Gesetz und die Propheten wie ungefüllte Krüge waren. Sie hatten zwar keine Löcher oder andere Mängel. Das Problem war nur, dass das Wasser im Inneren des Kruges nie bis nach oben reichte.

Da Gott gerecht ist, zeichnet sich Sein Königreich durch Gerechtigkeit aus. Er verlangt somit, dass jeder Seinem moralischen Gesetz gehorcht, indem er »den Krug der Gerechtigkeit auffüllt«. Wer dies nicht tut, wird verlorengehen. Die von Gott geforderte Gerechtigkeit ist in Seinem Gesetz definiert und wird von Propheten wie Micha erläutert, indem er schreibt: *»Es ist dir gesagt, o Mensch, was gut ist und was der HERR von dir fordert: Was* *anders als Recht tun, Liebe üben und demütig wandeln mit deinem Gott?« (Mi. 6,8).*

In Matthäus 5,17 spricht Jesus zu den Schriftgelehrten und Pharisäern, die sich streng an die jüdische Tradition hielten. Obwohl sie glaubten, dass das Gesetz seine Gültigkeit hat, erfüllten sie es bei Weitem nicht, indem sie die Gebote in die Praxis umgesetzt hätten. Sie waren damit zufrieden, nach ihren Traditionen und Bräuchen zu leben, die dem Gesetz oft widersprachen. Jesus verurteilte deren Betonung äußerer, ritueller Reinheit auf Kosten des inneren, liebevollen Herzensgehorsams und der Heiligkeit. Er sagt, dass nur diejenigen das Heil erlangen werden, deren *»Gerechtigkeit die der Schriftgelehrten und Pharisäer ... weit übertrifft« (Mt. 5,20)*. Die Zuhörer Jesu wussten, dass diese Beschreibung auf niemanden zutreffen konnte. Aber Jesus Christus entsprach dieser Beschreibung. Gott hat Seine gerechten Anforderungen nicht geändert, als Christus kam. Vielmehr füllte Christus, als Er kam, den Krug des Gesetzes und erfüllte all seine Anforderungen. Er tat dies auf zweierlei Weise.

Erstens wurden Christus und Sein Sühnewerk in den Opfern und anderen Zeremonien des Gesetzes vorgeschattet. Das Gesetz teilte prophetisch die Herrlichkeit des fleischgewordenen Christus mit. Gemäß den Worten des Apostels Paulus ist das Gesetz wie eine Spur, die bei Christus endet: *»Denn Christus ist das*

Ende des Gesetzes zur Gerechtigkeit für jeden, der glaubt« (Röm. 10,4).

In einem Kommentar wird zu diesem Text gesagt, es handle sich um eine »bemerkenswerte Stelle, die beweist, dass das Gesetz in seiner Gesamtheit auf Christus hinzielt«. Es wird erklärt, dass das Gesetz uns gegeben wurde, »um uns gleichsam an der Hand zu einer anderen Gerechtigkeit zu leiten. Alles, was es lehrt, was es vorschreibt, was es verheißt, hat immer einen Bezug zu Christus als seinem Hauptzweck; und daher sollten alle seine Bestandteile auf Ihn angewandt werden.« Bevor Er zum Himmel auffuhr, bestätigte Christus, dass Er in Seinen Leiden, Seinem Tod und Seiner Auferstehung das Zeugnis des Gesetzes und der Propheten über Ihn erfüllt hat. Es konnte nicht anders geschehen (Lk. 24,44.46).

Zugleich erfüllte Christus das Gesetz, indem Er alles tat, was das Gesetz verlangt. Vom Himmel her hatte Christus die Worte aus Psalm 119,44 inspiriert: *»Ich will Dein Gesetz stets bewahren, immer und ewiglich.«* Hier auf der Erde hat Er diese Worte in die Tat umgesetzt. Zum ersten Mal in der Menschheitsgeschichte lebte ein Mensch ein reiches und erfülltes Leben, nicht allein nach etlichen, sondern nach allen Geboten Gottes. Zu dieser Erfüllung des Gesetzes gehört nicht nur das, was Christus gesagt und getan hat, sondern auch das, was Er erlitten hat, um der Gerechtigkeit Gottes bezüglich der Sünde Genüge zu tun.

Jesus kam auch, um die Propheten zu erfüllen, deren Dienst lediglich ein Versuch sein konnte, den Krug zu füllen. Sie hatten im Namen Gottes gesprochen, dem Volk Seinen Willen verkündigt, sie an die Anforderungen des Gesetzes und die Bedingungen des Bundes Gottes erinnert und sie aufgerufen, Buße zu tun und zum Herrn zurückzukehren. Aber ein Prophet nach dem anderen musste diese Botschaft wiederholen, weil so wenige Menschen dem Aufruf zur Buße folgten. Israel verharrte in der Sünde. Außerdem verkündeten die Propheten Gottes Gericht über Sein auserwähltes Volk, weil es Seinen Willen nicht befolgte. Er sandte ein Gericht nach dem anderen, um die Warnungen der Propheten zu erfüllen.

Das letzte Buch des Alten Testaments endet mit den Worten: »*Siehe, Ich sende euch den Propheten Elia, ehe der große und furchtbare Tag des HERRN kommt; und er wird das Herz der Väter den Kindern und das Herz der Kinder wieder ihren Vätern zuwenden, damit Ich bei Meinem Kommen das Land nicht mit dem Bann schlagen muss!*«, als ob der Prophet das Volk Israel ein letztes Mal vor Gottes Zorn gegen die Sünde warnen wollte, bevor alle Propheten für etwa vierhundert Jahre verstummten.

Letztendlich sprachen die Propheten im Namen Gottes, indem sie den bußfertigen Sündern Gottes Gnade und Vergebung verhießen. Während ihres gesamten Dienstes hatten die Propheten dem Volk Gottes Trost verheißen, welcher lediglich eine Verheißung auf zukünftige bessere Dinge war. Der Krug des prophetischen Dienstes wurde jedoch nie aufgefüllt, weil der letztgültige Prophet noch nicht gekommen war.

Wie Hebräer 1,1-2 deutlich macht, ist Christus der letzte Prophet: *»Nachdem Gott in vergangenen Zeiten vielfältig und auf vielerlei Weise zu den Vätern geredet hat durch die Propheten, hat Er in diesen letzten Tagen zu uns geredet durch den Sohn.«* Jesus hat den Willen Gottes sowohl verkündet als auch ausgeführt. Er warnte die Menschen vor dem Gericht Gottes und erlitt dann dieses Gericht für Sein Volk. Dann verhieß Er ewigen Trost, indem Er Sein kostbares Blut für sie vergoss. Jesus kam, um das Gesetz und die Propheten zu erfüllen. Er war der Einzige, der den Krug des Gesetzes und der Propheten auffüllen konnte! Was zunächst nur in Aussicht gestellt war, ist nun Wirklichkeit geworden; was nur erhofft wurde, ist nun eingetreten.

Wilhelmus à Brakel sagte: »Die Fleischwerdung offenbart die unfehlbare Wahrhaftigkeit Gottes.« Die erste Verheißung des Heils, die Gott dem ersten Adam gegeben hatte, erfüllte sich im letzten Adam (1.Mo. 3,15). Durch die Fleischwerdung Christi haben wir die Erfüllung dieser Hoffnung: *»Denn so viele Verheißungen Gottes es gibt – in Ihm ist das Ja, und in Ihm auch das Amen, Gott zum Lob durch uns!« (2.Kor. 1,20).* In Christus ist das Gesetz vollständig erfüllt worden. In Ihm ist es für jedermann greifbar und real erkennbar geworden. Wir dürfen nun verkünden:

> *»Wunderbar sind Deine Zeugnisse; darum bewahrt sie meine Seele. Die Eröffnung Deiner Worte erleuchtet und gibt den Unverständigen Einsicht … Mache meine Schritte fest durch Dein Wort, und lass nichts Böses über mich herrschen! Erlöse mich von der Bedrückung durch Menschen, und ich will Deine Befehle befolgen!«*
>
> *Psalm 119,129-130.133-134*

*Denn so [sehr] hat Gott die Welt geliebt,
dass Er Seinen eingeborenen Sohn gab, damit jeder,
der an Ihn glaubt, nicht verlorengeht,
sondern ewiges Leben hat.*

Johannes 3,16

15

UM DIE LIEBE GOTTES ZU DEN SÜNDERN ZU OFFENBAREN

Johannes 3,16 ist uns so vertraut geworden, dass wir diese Worte nicht mehr überwältigend finden. Aber dieser bemerkenswerte Bibelvers offenbart eine erstaunliche Wahrheit, die uns jedes Mal erfreuen sollte, wenn wir sie hören.

Johannes 3,16 stellt die überraschende Behauptung auf, dass Gott die Welt liebt. Gott, der Schöpfer des Himmels und der Erde, ist sich Selbst genug und braucht nichts außerhalb Seiner Selbst. Er ist der Heilige, dessen reine Augen *»das Böse nicht ansehen können« (Hab. 1,13).* Seine Wünsche sind immer aufrichtig, Seine Liebe vollkommen rein und Seine Zuneigung niemals unangebracht. Wie kann ein solcher Gott die zerbrochene, von Sünde verunstaltete Welt lieben?

Im weitesten Sinne stellt die Welt das von Gott geschaffene Universum dar. Gott liebt die Schöpfung, die Er durch Sein Wort ins Leben gerufen hat. Seine Liebe zu der durch die Sünde verdorbene Welt ist mit Seinem

Plan verknüpft, Himmel und Erde vollständig wiederherzustellen (Apg. 3,21).

Genauer gesagt, stellt die Welt die menschlichen Bewohner der Erde dar, das Menschengeschlecht voller Rebellen, Verräter und Götzendiener. Diese Objekte der Zuneigung Gottes sind weit davon entfernt, der Liebe Gottes würdig zu sein. Weil der Mensch gesündigt hat, wäre es kein Unrecht gewesen, wenn Gott uns alle hätte umkommen lassen (Röm. 3,19). Stattdessen entschied sich Gott dazu, uns zu lieben.

Christus benutzt hier das Wort *Welt*, um das Geheimnis und die Fülle der Liebe Gottes zu zeigen, die sich nicht auf Menschen eines bestimmten Volkes oder auf diejenigen beschränkt, die zu einer bestimmten Zeit oder an einem bestimmten Ort lebten. Man beachte, dass Jesus hier *nicht* von universeller Sühne spricht. Er sagt, dass Er für diejenigen gestorben ist, die Gott auserwählt hat, für die, die an Ihn glauben (Joh. 6,37) und in denen Er den rettenden Glauben als Geschenk der Gnade wirkt (Eph. 2,8). Dennoch liebt Gott die Sünder und hat für sie einen Weg der Errettung bereitet, durch den Glauben an Seinen Sohn Jesus Christus. Johannes 3,16 bekräftigt die Gewissheit der Liebe Gottes.

Die Liebe Gottes zu dieser Welt scheint unangebracht, weit hergeholt und sogar unmöglich. Um an diese Liebe zu glauben, brauchen wir unwiderlegbare Beweise.

Dass Jesus in die Welt gekommen ist, ist der unwiderlegbare Beweis für die Liebe des Vaters zu ihr. Menschen können über ihre Liebe zu anderen reden, aber der Beweis für die Liebe sind Taten, nicht Worte (1.Joh. 3,18). Der Apostel Paulus spricht vom Tod Christi für uns als Beweis für die Liebe Gottes und erklärt: *»Gott aber beweist Seine Liebe zu uns dadurch, dass Christus für uns gestorben ist, als wir noch Sünder waren« (Röm. 5,8).*

Johannes 3,16 offenbart auch den Reichtum der Liebe Gottes. Die Art der Liebe, die Gott der Welt gezeigt hat, war nicht sentimentaler Natur, sondern opferbereit. Es war *agape,* eine engagierte und kostspielige Zuneigung, die sich in Taten zeigte. Es war »Liebe, egal was passiert«. Laut Johannes ist nur ein einziges Ereignis in der Weltgeschichte in der Lage, wahre Liebe zu veranschaulichen. Er schreibt: *»Darin besteht die Liebe – nicht dass wir Gott geliebt haben, sondern dass Er uns geliebt hat und Seinen Sohn gesandt hat als Sühnopfer für unsere Sünden« (1.Joh. 4,10).*

Die Liebe Gottes zu Seinem Volk kann nur im Verhältnis zu Seiner Liebe zu Seinem Sohn verstanden werden. Der eingeborene Sohn ist das ewige Objekt der Zuneigung des Vaters. Zweimal während des öffentlichen Wirkens Christi hat der Vater das Schweigen des Himmels gebrochen, um Seine Liebe zu Seinem Sohn zu bekräftigen (Mt. 3,17; 17,5). Es ist unmöglich, sich die Tiefe der Liebe vorzustellen, die den Vater und den Sohn miteinander verbindet. Unsere Liebe zu unseren Kindern wird sowohl durch *unsere* Sünde als auch durch die der Kinder beeinträchtigt. Selbst die Liebe der irdischen Familie und der Freunde Jesu zu Ihm war begrenzt (Mk. 3,21; Joh. 7,5). Aber die Liebe zwischen Gott dem Vater und Gott dem Sohn ist vollkommen, persönlich, innig, tief und verbindlich. Es ist eine grenzenlose Liebe, die weder dem Wandel noch dem Verfall unterliegt.

Christus kam auf die Erde, um uns den Reichtum der Liebe Gottes zu zeigen. Das ist die frohe Botschaft vom Kommen Christi. In Jesus Christus liebt Gott Seine gläubigen Kinder mit der gleichen unfassbaren, unendlichen und unveränderlichen Liebe. Der Vater hat Seinen Sohn auf die Erde gesandt, wo Er am Kreuz sterben sollte, um uns von der Sünde zu erlösen. Könnte Er uns dann irgendetwas Gutes vorenthalten (Röm. 8,32)? Nein, denn die Fleischwerdung Christi bestätigt, dass nichts *»uns zu scheiden vermag von der Liebe Gottes, die in Christus Jesus ist, unserem Herrn« (Röm. 8,39).*

Als Jesus es hörte,
sprach Er zu ihnen:

Nicht die Starken brauchen
den Arzt, sondern die Kranken.
Ich bin nicht gekommen,
Gerechte zu berufen,
sondern Sünder zur Buße.

Markus 2,17; vgl. Matthäus 9,13

16

UM SÜNDER ZUR BUSSE ZU RUFEN

Eines Tages kam Jesus an einem Zollamt vorbei und sah einen Mann namens Matthäus, einen Zöllner, und sagte: *»Folge Mir nach!« (Mt. 9,9).* Matthäus folgte Ihm, und er lud Jesus zum Abendessen in sein Haus ein. Wie Matthäus waren auch seine Freunde Zöllner und »Sünder«, und sie kamen zum Abendessen und setzten sich zusammen mit Jesus.

Der in diesem Text verwendete Begriff *Sünder* hat mehr als eine Bedeutung. Einerseits war es eine Bezeichnung, welche die Pharisäer jedem anhängten, der das Gesetz nicht nach ihren Regeln und Vorschriften befolgte. Doch andererseits hatten sich jene Freunde des Matthäus offenkundiger Sünden schuldig gemacht. Sie hatten sogar den Anspruch auf Frömmigkeit aufgegeben. Sie waren Menschen, mit denen du und ich wahrscheinlich lieber nicht in Verbindung gebracht werden möchten. Sie waren Ehebrecher, Glücksspieler, Schwindler, Betrüger, Lügner und Säufer.

Jesus schockierte die Pharisäer, indem Er mit solchen Menschen speiste. Beleidigt fragten sie die Jünger Jesu, warum Er sich mit offenkundigen Sündern abgab. Sie fragten nicht, weil sie sich wirklich um Jesus und Seine Jünger gesorgt hätten; sie wollten nur den Meister und Seine Nachfolger bloßstellen. Die Pharisäer versuchten, den Charakter Jesu anzugreifen, denn in ihren Augen war Er schuldig durch solchen Umgang. »Weiß Er denn nicht, wer diese Leute sind?«, sagten sie. »Benimmt sich so ein richtiger Rabbi?«

Jesus antwortete: *»Nicht die Starken brauchen den Arzt, sondern die Kranken. Ich bin nicht gekommen, Gerechte zu berufen, sondern Sünder zur Buße.«*

Was für eine Erleichterung ist es, zu wissen, dass der Sohn Gottes nicht nur mit den Sündern verkehrt, sondern ihnen auch anbietet, ihre Krankheit zu heilen und sie von der Sünde zu reinigen! Jesus kam, um die Sünder zur Buße zu rufen. Hätten die Pharisäer ihre eigene Sünde erkannt und zugegeben, wäre ihnen klar geworden, dass sie den Erretter genauso nötig hatten wie alle anderen.

Nach einem langen Tag voller Auseinandersetzungen mit den Pharisäern predigte Jesus über die Notwendigkeit, Ihm nachzufolgen (Lk. 14,25-35). Er schloss mit folgender Warnung: *»Wer Ohren hat zu hören, der höre!« (V. 35).* In Kapitel 15 lesen wir, dass sich die Zöllner und Sünder nach vorne drängten, um zu hören, was Jesus zu sagen hatte. Aber die Pharisäer und Schriftgelehrten beschwerten sich weiterhin, indem sie sagten: *»Dieser nimmt Sünder an und isst mit ihnen!« (V. 1-2).* Daraufhin erzählte Jesus drei Gleichnisse: eines über ein verlorenes Schaf, das nächste über eine verlorene Drachme und das dritte über zwei verlorene Söhne. Jedes Gleichnis veranschaulicht die Freude derer im Himmel über die frohe Botschaft von auch nur einem einzigen Sünder, dass er Buße tut. Das Gleichnis von den verlorenen Söhnen veranschaulicht aber auch den traurigen Zustand derer, die nicht erkennen, dass sie ebenfalls der Buße bedürfen – wie der ältere Bruder, der sich wie ein Pharisäer verhält, indem er sich weigert, zum Haus des Vaters zu gehen, um die Rückkehr des jüngeren Sohnes zu feiern (15,28).

Die Pharisäer dachten, sie seien die besten Gläubigen. Sie waren nicht wie die Zöllner, die ihre jüdischen Mitbürger betrogen, indem sie ihnen zu hohe Steuern abverlangten, um ihre eigenen Taschen und die ihrer römischen Auftraggeber zu füllen. Sie waren auch nicht wie die notorischen Sünder, die sich selbst und ihr Hab und Gut mit einem gottlosen Leben verdarben.

Die Pharisäer verdeutlichen die große Gefahr, dass wir uns einreden, wir hätten keine Sünde, für die wir Buße tun müssten (1.Joh. 4,8). Wenn wir meinen, wir wären gut, dann verpassen wir – wie die Pharisäer – Gottes großartige Rettung für Sünder. Die Pharisäer beachteten zwar Gottes Warnungen, nicht mit Sündern zu verkehren (Ps. 1,1; Spr. 1,10; vgl. 1.Kor 15,33), aber sie übersahen Sein Gebot, *»die Abtrünnigen [Seine] Wege [zu] lehren, dass sich die Sünder zu [Ihm] bekehren« (Ps. 51,15*; vgl. Ps. 25,8). Gottes Erlösungsplan gilt ausschließlich den Sündern, auch denen, die sich für moralisch anständig und religiös halten.

Jesus ruft *alle* Sünder zur Buße auf. Wahre Buße ist keine nebulöse Reaktion der Reue, sondern erfordert konkretes Handeln. Buße verwandelt die Gesinnung so sehr, dass sie zu einem veränderten Leben führt. Buße bedeutet nicht nur, zu sagen: »Es tut mir leid« – ähnlich wie wir es sagen, wenn wir jemandem versehentlich auf den Fuß treten. Wahre Buße heißt vielmehr, von Herzen sagen zu können: »Ich habe mich geirrt und bin traurig über meine Sünde; aber jetzt erkenne ich die Wahrheit, und ich will mich entsprechend ändern.«

Der erste Schritt der Buße ist die tiefe Reue darüber, dass wir Gott durch unsere Sünden verunehrt haben. Diese Reue, gepaart mit einem tiefgründigen Bewusstsein von Gottes Majestät und Seiner Güte, führt dazu, dass wir unsere Sünden mehr und mehr hassen. Diese Reue und dieser Hass wiederum veranlassen uns dazu, vor der Sünde zu fliehen. Wahre Buße führt auch dazu, herzliche Freude an Gott durch Christus zu haben und mit Liebe und Hingabe gemäß dem Willen Gottes in allen guten Werken zu leben (Eph. 2,10). Bloße Reue über die Sünde, die nicht zu einem veränderten Leben führt, ist eine Täuschung (2.Kor. 7,9-10).

Jesus ruft immer noch Sünder – selbst die größten Sünder – dazu auf, sich Ihm und Seinem Reich anzuschließen. Sein Ruf fordert uns nicht auf, Buße in der Weise zu tun, dass wir mehr gute Werke tun, sondern wirklich Buße zu tun, das heißt, von der Sünde abzulassen, auf dem Weg der Gerechtigkeit und im Gehorsam gegenüber Gott zu wandeln (vgl. Hos. 6,6).

Diejenigen, die echte Buße tun, wissen, was Jesus meinte, als Er sagte: *»Ich will Barmherzigkeit und nicht Opfer« (Mt. 9,13).* Wenn sie durch die Gnade auf diesen Ruf antworten, werden sie tiefe Freude in der Vereinigung mit dem Freund der Sünder erleben. Und nichts löst im Himmel mehr Freude aus als Sünder, die Buße tun!

MIR IST ERBARMUNG WIDERFAHREN

Text: Philipp F. Hiller (1699 – 1769)

1. Mir ist Erbarmung widerfahren,
Erbarmung, deren ich nicht wert;
das zähl ich zu dem Wunderbaren,
mein stolzes Herz hat's nie begehrt.
Nun weiß ich das und bin erfreut
und rühme die Barmherzigkeit.

2. Ich hatte nichts als Zorn verdienet
und soll bei Gott in Gnaden sein!
Gott hat mich mit sich Selbst versühnet
und macht durchs Blut des Sohns mich rein.
Wo kam dies her, warum geschieh's?
Erbarmung ist's und weiter nichts!

3. Das muss ich Dir, mein Gott, bekennen;
das rühm ich, wenn ein Mensch mich fragt.
Ich kann es nur Erbarmung nennen,
so ist mein ganzes Herz gesagt.
Ich beuge mich und bin erfreut
und rühme die Barmherzigkeit.

Wahrlich, wahrlich,
Ich sage euch:

Wenn das Weizenkorn nicht in die Erde
fällt und stirbt, so bleibt es allein;
wenn es aber stirbt, so bringt es viel Frucht.
Wer sein Leben liebt, der wird es verlieren;
wer aber sein Leben in dieser Welt hasst,
wird es zum ewigen Leben bewahren …
Jetzt ist Meine Seele erschüttert.
Und was soll Ich sagen?
Vater, hilf Mir aus dieser Stunde!
Doch darum bin Ich in
diese Stunde gekommen.
Vater, verherrliche Deinen Namen!

Johannes 12,24-25.27

17

UM ZU STERBEN

Jesus wurde geboren, um zu sterben. Es fällt uns schwer, diese Wahrheit zu begreifen, denn wir wurden geschaffen, um zu leben, nicht um zu sterben. Der Tod ist ein Eindringling und ein großer Feind des Lebens (1.Kor. 15,26).

Doch können wir es auch als tröstlich empfinden, dass Jesus kam, um zu sterben. In Hebräer 9,27 heißt es: *»Und so gewiss es den Menschen bestimmt ist, **einmal** zu sterben, danach aber das Gericht«*. Jedem von uns ist eine Zeit zum Sterben bestimmt. Das galt auch für Jesus. Er kam auf die Erde, um zu sterben, so dass Er *»wegen des Todesleidens, mit Herrlichkeit und Ehre gekrönt [wurde]; Er sollte ja durch Gottes Gnade für alle den Tod schmecken« (Hebr. 2,9).*

Jesus sagte: *»Doch darum bin Ich in diese Stunde gekommen« (Joh. 12,27).* Die von Ihm bestimmte Stunde war von so monumentaler Bedeutung für die Erlösung, dass Christus sie als Seine Stunde bezeichnete. Bei zwei vorherigen Ereignissen, bei denen Jesus mit körperlicher

Gewalt bedroht wurde, lesen wir, dass Er verschont wurde, weil *»Seine Stunde noch nicht gekommen [war]« (Joh. 7,30; 8,20).* In unserem Text kündigt Jesus an, dass Seine Stunde – die Stunde Seines Leidens und Sterbens – endgültig gekommen ist.

Beachten wir die verschiedenen menschlichen Emotionen, die Jesus beim Reden über Seine Stunde offenbart. Zunächst spricht Er ziemlich positiv über den Tod. Er sagt: *»Wenn das Weizenkorn nicht in die Erde fällt und stirbt, so bleibt es allein; wenn es aber stirbt, so bringt es viel Frucht.«* Jesus verwendet hier ein einfaches Beispiel aus der Landwirtschaft. So kann ein einziges Samenkorn eine hundertfache Ernte hervorbringen (Lk. 8,8). Aber dieses Bild offenbart auch eine tiefe geistliche Wirklichkeit, denn Jesus ist der verheißene »Same der Frau« (1.Mo. 3,15), der sterben wird, um viel Frucht zu bringen.

Jesus sagt dann, dass der Mensch bereit sein muss, sein gegenwärtiges Leben in der Welt aufzugeben, um das ewige Leben im ewigen Reich Gottes zu gewinnen. Er sprach: *»Wenn jemand Mir nachkommen will, so verleugne er sich selbst und nehme sein Kreuz auf sich täglich und folge Mir nach. Denn wer sein Leben retten will, der wird es verlieren; wer aber sein Leben verliert um Meinetwillen, der wird es retten« (Lk. 9,23-24).* Jesu Einladung, sich selbst zu sterben, wird zu großer Fruchtbarkeit führen!

Doch Jesu Tonfall ändert sich. In Johannes 12,27 sagt Er: *»Jetzt ist Meine Seele erschüttert.«* Er weiß, dass der Tod etwas Böses und Unnatürliches ist. Christus weiß auch, dass Sein Tod einzigartig und unaussprechlich grauenvoll sein wird. Er weiß, dass Er bei Seinem Tod an Leib und Seele den Zorn Gottes wider die Sünde Seines Volkes zu tragen haben wird. In den 6 Stunden am Kreuz würde Jesus zum ersten Mal eine schreckliche Entfremdung von Seinem himmlischen Vater erleben (Mt. 27,46).

Seine Stunde ist von Ewigkeit her durch den Ratschluss des Vaters, des Sohnes und des Heiligen Geistes festgelegt worden, um einen Überrest der Menschen zum Lob Gottes zu erlösen. In dem Augenblick, in dem Jesus auf die Erde kam, begann der Countdown für Seine Stunde. Sein Leiden begann genau in diesem Augenblick, nicht erst am Kreuz. Jesus Christus hat an Leib und Seele die ganze Zeit Seines Lebens auf Erden, besonders aber am Ende desselben, den Zorn Gottes über die Sünde Seines Volkes getragen.

In diesem Abschnitt gibt uns Jesus einen wertvollen Einblick in Sein Inneres. Er geht auf den Tod zu und weiß, dass sich der ganze Zorn des Vaters über die Sünde Seines ganzen Volkes über Ihn ergießen wird. Er weiß, dass sich Sein Vater, mit dem Er in ewiger Gemeinschaft war, wegen der Sünde von Ihm abwenden und Ihn verlassen wird. Es gab nichts Grauenvolleres für Ihn, der Seinen Vater mehr als alles liebte.

Trotzdem bleibt Jesus in Seiner Entschlossenheit, Seinen Auftrag auf Erden zu erfüllen, standhaft. Johannes nennt uns zwei Gründe, warum das so ist.

Erstens: Jesus kam, um zu sterben. Er sagt: *»Doch darum bin Ich in diese Stunde gekommen« (V. 27).* Außerdem erinnert Er sich Selbst an Seinen Auftrag. Inmitten einer dunklen Schlacht scharen militärische Führer oft ihre Truppen um sich, um sie daran zu erinnern, warum sie auf das Schlachtfeld gekommen waren und für welche Sache sie bereit sind, das höchste Opfer zu bringen. Vielleicht erinnert sich Jesus in ähnlicher Weise daran, dass Er gekommen ist, um den Willen des Vaters zu tun und Sein Leben für diejenigen zu geben, die an Ihn glaubten und noch glauben würden.

Zweitens erinnert Jesus sich Selbst an Seinen Herzenswunsch, Gott zu verherrlichen. Er sagt: *»Vater, verherrliche Deinen Namen!« (V. 28).* Jesus weiß, dass Sein Tod Gott verherrlichen wird, indem Er der Gerechtigkeit Genüge tut, den Fluch der Sünde abwendet, den Teufel besiegt und ein Volk erwirbt, das Seinen Vater hingebungsvoll preist. Also geht Jesus willig diesen Weg.

Christus wurde mit einem Todesurteil geboren, das bereits in der Krippe über Ihm hing. Dieser Gedanke sollte uns beim Nachsinnen über das Kommen unseres Herrn eine gewisse Ernsthaftigkeit vermitteln. Er sollte uns aber auch helfen, die völlige Entschlossenheit Christi zu erkennen, Sein Volk zu erlösen. Diese Entschlossenheit brannte in Ihm von der Wiege bis zum Grab.

*Und als Jesus an den Ort kam,
blickte Er auf und sah ihn
und sprach zu ihm:*

*Zachäus, steige schnell herab;
denn heute muss Ich
in deinem Haus einkehren! …*

Und Jesus sprach zu ihm:

*Heute ist diesem Haus Heil widerfahren,
weil auch er ein Sohn Abrahams ist;
denn der Sohn des Menschen ist gekommen,
um zu suchen und zu retten,
was verloren ist.*

Lukas 19,5.9-10

18

UM DIE VERLORENEN ZU SUCHEN UND ZU RETTEN

Die Worte des folgenden Kinderliedes gehen auf Lukas 19 zurück:

Zachäus war ein kleiner Mann,
ein sehr kleiner Mann war er;
Er stieg auf einen Maulbeerbaum,
denn der Heiland kam daher.

Der Heiland suchte diesen Mann
– Er wäscht die Herzen rein! –
Und sprach: Zachäus, steig herab!,
denn bei dir kehr' Ich heut' ein!

Es ist kein schlechtes Lied, aber es gibt nur einen Teil der Geschichte richtig wieder. Außerdem betont es das falsche Problem. Das große Problem ist nicht, dass Zachäus *klein* war, sondern dass er *verloren* war. Er war reich und mächtig, aber völlig verloren. Er hatte viele Schätze auf Erden, aber keinen im Himmel. Er hatte sich für sein Leben einen Plan zurechtgelegt, in der Hoffnung, im ständig zunehmenden Besitz von Gütern Erfüllung zu finden. Aber während er seine Seele für Geld und Macht verkaufte, entfernte er sich vom Weg zum ewigen Leben immer weiter weg. Die Frohe Botschaft für Zachäus und für jeden Sünder ist, dass Jesus gekommen ist, um die Verlorenen zu suchen und zu retten.

Als Jesus sagte, Er sei gekommen, um zu suchen und zu retten, was verloren ist, sprach Er in erster Linie von den verlorenen Schafen Israels (Mt. 15,24). Zachäus war eines dieser verlorenen Schafe. Er war ein Sohn Abrahams nach dem Fleisch – das heißt, er war von Geburt an Jude. Obwohl er sicher im Gesetz unterwiesen und erzogen wurde, wurde er durch seinen eigenen Unglauben und den Götzendienst des Reichtums aus dem Reich Gottes ausgeschlossen. Er war einer der Juden, die Paulus in Römer 9,4 beschreibt: einer der Israeliten, *»denen die Sohnschaft und die Herrlichkeit und die Bündnisse gehören und die Gesetzgebung und der Gottesdienst und die Verheißungen«*. Dennoch kannte er die Gerechtigkeit Gottes nicht und versuchte stattdessen, seine eigene Gerechtigkeit aufzurichten (Röm. 10,3). Schlimmer noch, er setzte seine Hoffnung nicht auf den lebendigen Gott, sondern *»auf die Unbeständigkeit des Reichtums«*, um Sicherheit und Glück im Leben zu erlangen (1.Tim. 6,17). Infolgedessen war er verloren.

Manche, die in christlichen Familien aufgewachsen sind, sind heute wie Zachäus. Sie haben so viel vom

Evangelium gehört und so viele Privilegien erhalten, aber sie sind völlig verloren.

Aber Jesus ist nicht nur für die verlorenen Schafe Israels gekommen. Christus sagte: *»Und Ich habe noch andere Schafe, die nicht aus dieser Schafhürde sind« (Joh. 10,16).* Diese anderen Schafe sind ebenfalls verloren. Die »Herde« Gottes stellt die Erlösten Gottes dar – die lebendige Gemeinde, die durch ein gemeinsames Bekenntnis des Glaubens an ihren Hirten Jesus Christus miteinander verbunden ist. Außerhalb dieser Herde haben die Menschen keine Hoffnung und kein wahres Leben.

Erinnerst du dich an das letzte Mal, als du ein Außenseiter warst? Wenn ja, dann weißt du, wie man sich fühlt, wenn man mit wahren Christen zum Gottesdienst geht und doch verloren ist. Du lebst mit dem beunruhigenden Gefühl, dass du nicht dazugehörst und dass dir das verwehrt bleibt, was anderen geschenkt wurde. Viele im Volk Gottes können sich daran erinnern, wie es ist, ohne Christus, ohne Hoffnung und ohne Gott in der Welt zu sein (Eph. 2,12). Einige haben auf diese Weise in der Welt gelebt, während andere inmitten der Gemeinde belehrt und zur Buße gerufen wurden. Beide Personengruppen haben das gleiche Gefühl, dass sie Gott und der Gnade gegenüber fremd sind.

Jesus ist gekommen, um diese verlorenen Menschen zu suchen und sie zu retten. Gott ist in Christus ein suchender Gott (Lk. 15,3-6). Der britische Dichter Francis Thompson aus dem 19. Jahrhundert nennt Gott warmherzig in einem gleichnamigen Gedicht den »Jagdhund des Himmels«. Der Autor erzählt, wie er bewusst vor Gott floh, aber sein ganzes Leben lang spürte er, dass er von Füßen verfolgt wurde, die sich »in unaufhaltsamer Jagd ohne Eile und mit unbeirrtem Schritt« bewegten, um ihn zum Heil zu führen.

Als Christus zu dem Baum kam, auf dem Zachäus saß, rief Er den kleinen Mann bei seinem Namen. In Anbetracht seines Berufes als Zöllner wurde sein Name wahrscheinlich oft mit Spott oder Abscheu ausgesprochen. Aber Jesus sprach seinen Namen mit Wertschätzung, Eifer und Entschlossenheit aus. Zweifellos zu seiner eigenen Überraschung reagierte Zachäus schnell und freudig auf Jesus (V. 6). Der Herr kannte Zachäus beim Namen! Und durch Gottes Gnade erkannte Zachäus den Klang der Stimme seines Hirten und folgte Ihm (Joh. 10,16.27)!

Zachäus war aus Neugierde auf einen Baum geklettert, weil er Jesus sehen wollte. Aber Gott führte ihn zu diesem Baum, damit er Christus begegnen konnte. Christus rief ihn vom Baum herunter, um bei ihm einzukehren und sein Leben völlig zu verändern.

Denn auch der Sohn des Menschen ist nicht gekommen, um sich dienen zu lassen, sondern um zu dienen und Sein Leben zu geben als Lösegeld für viele.

Markus 10,45

19

UM ZU DIENEN

Wann wurde dir das letzte Mal richtig gedient? Ich meine nicht den guten Service in einem Restaurant oder Hotel. Selbst der beste Service, den wir an solchen Orten erleben, ist kein echter Dienst im biblischen Sinne. Die Menschen in der Gastronomiebranche werden für ihre Arbeit bezahlt. Da sie für gute Leistungen oft Trinkgeld erhalten, zahlt es sich unmittelbar aus, wenn sie freundlich und hilfsbereit sind. Christlicher Dienst hat keine solche unmittelbare Belohnung im Sinn. Christliches Dienen geschieht ausschließlich zum Nutzen anderer und zur Ehre Gottes.

Jesus definiert den wahren Dienst, indem Er die Arbeit eines Dieners oder Sklaven beschreibt. Er sagt: *»Und wer von euch der Erste werden will, der sei aller Knecht« (Mk. 10,44)*. In biblischen Zeiten wurden Sklaven zwar manchmal wie Familienmitglieder behandelt, aber in der Regel wurden sie ausschließlich als Eigentum betrachtet. Ein Sklave war an einen anderen gebunden, ohne Rücksicht auf seine eigenen Interessen.

Wir sind nicht von unserer Natur her auf diese Art des Dienens gepolt. Wir sind wie die Jünger, die zu Jesus kamen und zu Ihm sprachen: *»Meister, wir wünschen, dass Du uns gewährst, um was wir bitten!« (10,35).* Wir mögen es, die »Herrschaft« über andere Menschen auszuüben (10,42). Wir wollen die Herren sein, und wir wollen bedient werden. Doch Jesus sagt Seinen Jüngern zu allen Zeiten: *»Unter euch aber soll es nicht so sein, sondern wer unter euch groß werden will, der sei euer Diener, und wer von euch der Erste werden will, der sei aller Knecht« (10,43-44).*

Es ist eine Sache, wenn ein großer Lehrer zu anderen über demütiges Dienen spricht. Aber wie viele Menschen, die hochtrabende Ideale vertreten, praktizieren sie auch wirklich? Damit niemand auf die Idee kommt, Jesus spräche nur leere Worte, macht Er diese schockierende Aussage: *»Denn auch der Sohn des Menschen ist nicht gekommen, um sich dienen zu lassen, sondern um zu dienen und Sein Leben zu geben als Lösegeld für viele« (10,45).*

Christus diente, indem Er Seine Zeit opferte und manchmal bis in die späten Abendstunden Seinen Dienst verrichtete (Mk. 6,35). Er diente den Undankbaren (Lk. 17,14-18), den Unbeliebten (Mt. 11,19) und den Ausgestoßenen (Mk. 1,40-42). Als Er Seinen Jüngern die Füße wusch, erniedrigte Er sich unter den Status der meisten Hausangestellten (Joh. 13,3-17); denn das Waschen der Füße war die Arbeit des niedrigsten Ranges. Jesus wurde wie ein Sklave, damit wir in Ihm frei sein können.

Eines der großen Paradoxe in der Bibel ist, dass die Gläubigen aufgrund des Werkes Christi sowohl Sklaven als auch Söhne sind. Viele in der neutestamentlichen Gemeinde waren tatsächlich Sklaven, so dass Paulus hier sowohl den Sklaven als auch den Freien in der Gemeinde einen Unterricht erteilt: *»Denn der im Herrn berufene Sklave ist ein Freigelassener des Herrn; ebenso ist auch der berufene Freie ein Sklave des Christus« (1.Kor. 7,22).* Paulus bezeichnet sich selbst sowohl als Sklave Gottes (Tit. 1,1) als auch durch Christus *»nicht mehr [Sklave], sondern Sohn« (Gal 4,7).* Sklave und Sohn zugleich zu sein, ist ein Spiegelbild der Person Jesu Christi. Obwohl Christus ein Sohn war, hat Er als leidender Knecht des Herrn den Gehorsam gelernt (Hebr. 5,8; vgl. Jes. 53). Sein Werk war am größten, als es am niedrigsten zu sein schien. Und obwohl Er im Staub zusammenbrach, als Er das Kreuz für unsere Errettung trug, war und ist Er immer der König der Könige.

Wenn du dich nach Beispielen für demütiges Dienen umsiehst, wirst du nicht viele finden. Wie William Hendriksen schreibt: »Jesus sagt, dass man in dem Reich, über das Er herrscht, Größe erlangt, indem man genau das Gegenteil von dem tut, was in der Welt der Ungläubigen üblich ist.«[6] Jesus lebte unter Seinen Jüngern als Vorbild für uns alle. Nachdem Er Seinen Jüngern die Füße gewaschen hatte, sagte Er: *»Denn ein Vorbild habe Ich euch gegeben, damit auch ihr so handelt, wie Ich an euch gehandelt habe. Wahrlich, wahrlich, Ich sage euch: Der Knecht ist nicht größer als sein Herr, noch der Gesandte größer als der ihn gesandt hat« (Joh. 13,15-16).*

Wie könntest du diese Woche anderen als Beispiel für Christus dienen? Wie könntest du dich unter dein Niveau erniedrigen, um jemandem zum Segen zu sein? Dies sind wichtige Fragen; also nimm sie ernst. Doch während du dich mit diesen Fragen auseinandersetzt, achte darauf, dass deine Gedanken in dieser großartigen Wahrheit verwurzelt bleiben: *»Auch der Sohn des Menschen ist nicht gekommen, um sich dienen zu lassen, sondern um zu dienen …« (Mk. 10,45).*

---

6 Hendriksen: »Gospel of Mark«

*Denn Er ist unser Friede,
der aus beiden eins gemacht und die
Scheidewand des Zaunes abgebrochen hat,
indem Er in Seinem Fleisch die Feindschaft,
das Gesetz der Gebote in Satzungen, hinwegtat,
um die zwei in sich Selbst zu einem neuen
Menschen zu schaffen und Frieden zu stiften,
und um die beiden in einem Leib mit Gott
zu versöhnen durch das Kreuz,
nachdem Er durch dasselbe die Feindschaft
getötet hatte. Und Er kam und verkündigte
Frieden euch, den Fernen, und den Nahen;
denn durch Ihn haben wir beide den Zutritt
zu dem Vater in einem Geist.*

Epheser 2,14-18

20

UM FRIEDEN ZU BRINGEN

Wenn wir das Wort *Frieden* hören, denken wir vielleicht an die sogenannte Friedensbewegung in den 1960er Jahren. Im Widerstand gegen militärische Konflikte im Ausland und die vermeintliche gesellschaftliche Unterdrückung im eigenen Land wurde »Frieden« zu einem beliebten Slogan der Hippie-Bewegung. Die Ironie dabei war, dass die Bewegung nicht halten konnte, was sie versprach. Selbst Kommunen, die auf friedlichen Prinzipien wie Gleichheit und gemeinsames Leben gegründet waren, brachen fast alle aufgrund interner und externer Konflikte auseinander.[7] Keine von Menschen geschaffene Gemeinschaft, wie hoch ihre Ideale auch sein mögen, wird jemals den Frieden sichern. Wir würden das erkennen, wenn wir nur die richtigen Fragen stellen würden.

Jakobus, der Halbbruder Jesu, stellte die richtigen Fragen: »*Woher kommen die Kämpfe und die Streitigkeiten*

[7] Scott MacFarlane: »The Hippie Narrative«

unter euch? Kommen sie nicht von den Lüsten, die in euren Gliedern streiten? Ihr seid begehrlich und habt es nicht, ihr mordet und neidet und könnt es doch nicht erlangen; ihr streitet und kämpft, doch ihr habt es nicht, weil ihr nicht bittet« (Jak. 4,1-2). Ströme des Friedens werden niemals aus der verunreinigten Quelle des unerretten menschlichen Herzens fließen. Ein Grund, warum Jesus auf die Erde kam, war, um Seiner Gemeinde *»Frieden ... wie einen Strom«* zu bringen (Jes. 66,12).

In Epheser 2 macht Paulus drei erstaunliche Aussagen über Jesus und den Frieden. Zunächst sagt er, dass Jesus gekommen ist, um den Frieden zu verkündigen (V. 17; vgl. Joh. 14,27). Die Verkündigung des Engels bei der Geburt Jesu lautete: *»Friede auf Erden ...!«* – Friede für Menschen, auf denen Gottes Wohlgefallen ruht (Lk. 2,14). Auch die Botschaft Jesu: *»Die Zeit ist erfüllt, und das Reich Gottes ist nahe. Tut Buße und glaubt an das Evangelium!«*, ist eine Botschaft des Friedens (Mk. 1,15). Um dies zu verstehen, muss man sich eine große Armee vorstellen, die sich gegen eine unterlegene Streitmacht erhebt. Die kleinere Armee hat keine Chance auf Erfolg. Doch kurz vor dem unvermeidlichen Angriff überbringt ein Botschafter des größeren Heeres folgende Botschaft: »Unser König verspricht, mit euch Frieden zu schließen, wenn ihr euch nur geschlagen gebt und ihm die Treue schwört.« Was für eine Erleichterung!

Dies ist auch die wesentliche Botschaft Jesu. Jesus rief sogar über dem vom Sturm gepeitschten See den

Frieden aus, indem Er zum See sprach: *»Schweig, werde still!« (Mk. 4,39).* Paulus spiegelte das Wirken Jesu wider, als er sagte: *»So bitten wir nun stellvertretend für Christus: Lasst euch versöhnen mit Gott!« (2.Kor. 5,20).* Erst dann, wenn die Vollzahl aus Juden und Heiden durch Jesus Christus mit Gott versöhnt ist, werden die Kriege aufhören, und ewiger Friede wird auf der wiederhergestellten Erde herrschen.

Zweitens sagt Paulus, dass Christus den Frieden zwischen Juden und Heiden sichergestellt hat (Eph. 2,14). Es ist ermüdend, über die seit Jahrzehnten andauernden Friedensgespräche im Nahen Osten nachzudenken. Wie viel Energie und Zeit wurde in diesen Friedensprozess gesteckt, der bisher nur dürftige Ergebnisse hervorgebracht hat?! Aber Jesus hat tatsächlich Frieden gebracht. Er sagt: *»Frieden hinterlasse Ich euch; Meinen Frieden gebe Ich euch. Nicht wie die Welt gibt, gebe Ich euch; euer Herz erschrecke nicht und verzage nicht!« (Joh. 14,27).* Als Christus starb, hat Er *»die gegen uns gerichtete Schuldschrift ausgelöscht, die durch Satzungen uns entgegenstand, und hat sie aus dem Weg geschafft, indem Er sie ans Kreuz heftete« (Kol. 2,14).*

Gläubige, die wegen ihrer Sünden den Zorn Gottes fürchten, müssen sich daran erinnern, dass Gott zwischen sich und Sündern, die Buße tun und an Seinen Sohn glauben, dauerhaften Frieden geschlossen hat, weil Jesus Christus den Zorn Gottes für sie getragen hat. Aufgrund des Friedens, den Christus für die Gläubigen erwirkt hat, sagt Gott: *»Ist es möglich, soviel an euch liegt, so haltet mit allen Menschen Frieden« (Röm. 12,18).* Das Kreuz hat in Großbuchstaben den Frieden auf unsere Herzen geschrieben.

Drittens sagt Paulus, dass Jesus unser Friede ist (Eph. 2,14). Im Alten Testament wird Jesus der »Friedefürst« genannt (Jes. 9,5). Der Prophet Jesaja fügt hinzu: *»Die Mehrung der Herrschaft und der Friede werden kein Ende haben ...« (Jes. 9,6).* Was ist Frieden? Vom griechischen Wort *eirene* leitet sich das Wort *irenisch* ab, das friedliebend oder friedfertig bedeuted.

Das hebräische Wort für Frieden ist *schalom*. Diese Worte bezeichnen nicht nur die Beendigung des Streits und die darauf folgende Ruhe, sondern auch eine Ganzheit und Vollkommenheit, die allein in Christus zu finden ist (Kol. 2,10). Diese Begriffe sprechen von dem Frieden, den die Gläubigen mit Gott haben, und auch von dem Frieden Gottes, der in ihrem Gemüt und Herzen wohnt. Wie das Sprichwort sagt: »Ohne Jesus, ohne Frieden. Wer Jesus kennt, kennt den Frieden.« Nur diejenigen, die unter der Herrschaft des Friedefürsten stehen, kennen wirklich den *»Friede[n] Gottes, der allen Verstand übersteigt« (Phil. 4,7).*

Der Ungläubige muss die schreckliche Wahrheit begreifen, die der Herr in Jesaja 48,22 verkündet: *»Keinen Frie-*

den, spricht der HERR, gibt es für die Gottlosen!« Nachdem Jakobus seine vernichtende Kritik am kriegslüsternen Herzen des Menschen beendet hat, sagt er unverblümt: *»… ihr habt es nicht, weil ihr nicht bittet. Ihr bittet und bekommt es nicht, weil ihr in böser Absicht bittet, um es in euren Lüsten zu vergeuden« (Jak. 4,2-3).*

Diejenigen, die sich nach Frieden sehnen, sollten Gott bitten, *»der allen gern und ohne Vorwurf gibt« (Jak. 1,5),* indem sie beten: »Herr, schließe Frieden zwischen Dir und mir durch das Blut Christi.«

Matthew Henry brachte es auf den Punkt, als er sagte: »Die Sünde erzeugt einen Streit zwischen Gott und den Menschen. Christus ist gekommen, um sich dieses Streites anzunehmen und ihn zu beenden.«[8] Diejenigen, die *»Frieden mit Gott durch unseren Herrn Jesus Christus«* haben (Röm. 5,1), dürfen die Verheißung wertschätzen, dass Er eines Tages als Friedefürst über die wiederhergestellte Erde herrschen wird.

---

[8] Der Neue Matthew Henry Kommentar NT (Band 2), 3L-Verlag

DENK AN UNSEREN ERRETTER

Think On These Things

Text und Melodie: Duane E. Nichols | Deutsch: Niko Derksen

1. Denk an unseren Erretter!
Er ist treu, gerecht und rein.
Gütig, heilig und vollkommen
ist nur Er, der Herr, allein.
Seinem Vater stets gehorsam
war der Heiland Jesus Christ.
Er alleine unser Vorbild
in der Lieb und Reinheit ist.

Refrain:
Denke daran, trachte danach,
strebe das an, was wahr ist und rein!
Denke daran, trachte danach,
denn dadurch wird der Vater geehrt!
Denke immer daran!

2. Bleiben wir in Jesu Nähe,
wird verändert unser Sinn.
Er gibt Kraft in Zeit der Prüfung,
so dass Angst und Sorgen fliehn.
Stets sei unser Herz gerichtet
auf Sein Wort, durch das Er lenkt.
Lasst uns alle Tage denken
an die Gnade, die Er schenkt!

Ihr sollt nicht meinen,
dass Ich gekommen sei,
Frieden auf die Erde zu bringen.
Ich bin nicht gekommen,
Frieden zu bringen,
sondern das Schwert!

Matthäus 10,34

21

UM DAS SCHWERT ZU BRINGEN

Alle neutestamentlichen Autoren verwenden das Wort *Frieden* in jedem Buch des Neuen Testaments mit Ausnahme von Johannes in seinem ersten Brief. Zacharias weissagte, dass Jesus gekommen sei, *»um unsere Füße auf den Weg des Friedens zu richten« (Lk. 1,79)*, und bei der Geburt Jesu verkündeten die Engel: *»Friede auf Erden, in den Menschen [des] Wohlgefallens!« (Lk. 2,14, ELB)*. Der Friede ist das durchgängige Thema des Wirkens Jesu. Wie kann Jesus dann in Matthäus 10,34 sagen: *»Ihr sollt nicht meinen, dass Ich gekommen sei, Frieden auf die Erde zu bringen. Ich bin nicht gekommen, Frieden zu bringen, sondern das Schwert!«?*

Betrachten wir zunächst den Kontext von Matthäus 10. Jesus wendet sich an Seine Jünger, bevor Er sie *»wie Schafe mitten unter die Wölfe«* sendet (V. 16). Jesus will nicht, dass sie in Bezug auf die Menschen, zu denen sie gesandt werden, ahnungslos sind. Er warnt sie davor, zu glauben, dass alle Menschen sie willkommen heißen werden, wenn sie hören, dass sie von Ihm gesandt wurden; denn so wird es nicht sein. Jesus sagt auch, dass einige Familien der Botschaft des Friedens, die die Jünger bringen, nicht wert sein werden. Wenn die Jünger auf solche Familien treffen, sollen sie den Friedensgruß »zu ihnen zurückkehren lassen« (V. 13), sie sollen also nicht den üblichen Segensspruch »Friede sei mit euch« verwenden, um diese undankbaren Menschen zu grüßen und zu verabschieden.

Jesus sagt, dass derjenige, der Seinen Ruf zur Nachfolge hört, diesen als die Erklärung eines Königs erkennen soll, der in den Krieg gegen einen gegnerischen Herrscher zieht. Bevor er das tut, berechnet er die Kosten (Lk. 14,25-33). Christus stärkt Seine Jünger, indem Er sie vor dem warnt, was auf sie zukommen wird. Er spricht wie ein Kriegsmann und sagt: »Ich bringe das Schwert!« Der Friede Gottes ist der Ehrenpreis für einen gewaltigen Krieg! Christus ist in das Haus des Starken, des Satans, eingedrungen und hat seinen Hausrat geplündert, nachdem Er den Starken zuvor gebunden hatte, heißt es in Matthäus 12,29. Auch die Jünger sollen das Schwert des Geistes, das Wort Gottes, mitbringen (Eph. 6,17). Mit der Waffenrüstung Gottes ausgestattet, brauchen die Jünger ihre Feinde nicht zu fürchten (Mt. 10,26).

Außerdem sagt Jesus, dass die Botschaft vom Himmelreich zwei Reaktionen auslösen wird. Einige, die die Botschaft hören, werden Christus vor anderen bekennen, und Jesus wird sie vor Seinem Vater im Himmel bekennen. Andere werden Jesus vor den Menschen verleugnen, und Christus wird diese vor Seinem Vater im Himmel verleugnen (Mt. 10,32-33). Christus sagt, dass Er gekommen ist, um eine Trennlinie zu ziehen: *»Wer nicht mit Mir ist, der ist gegen Mich, und wer nicht mit Mir sammelt, der zerstreut!« (Mt. 12,30).* Das sind kämpferische Worte!

Schließlich sagt Jesus, dass das Evangelium mit Sicherheit zu Uneinigkeit führen wird. Er sagt: *»Denn Ich bin gekommen, den Menschen zu entzweien mit seinem Vater und die Tochter mit ihrer Mutter und die Schwiegertochter mit ihrer Schwiegermutter; und die Feinde des Menschen werden seine eigenen Hausgenossen sein« (Mt. 10,35-36).* J.C. Ryle erklärt: »Solange jemand entschlossen ist, an seinen Sünden festzuhalten, und ein anderer sie aufgeben will, muss das Ergebnis der Verkündigung des Evangeliums Spaltung sein. Daran ist nicht das Evangelium schuld, sondern das Herz des Menschen.«[9] Micha 7,5-6, woraus Jesus zitiert, ist ein Aufruf, nur auf den Herrn zu vertrauen, nicht auf Freunde oder Familienmitglieder, wenn es um geistliche Fragen geht, die über Leben und Tod entscheiden. Ein solcher Glaube wird wie ein Schwert zerschneiden.

Christus bringt das Schwert, weil Er uns vor die Wahl stellt, indem Er befiehlt: »Liebt Mich mehr als al-

---

[9] J.C. Ryle: »Expository Thoughts on the Gospel of Matthew«

les andere, was euch lieb ist, sonst seid ihr Meiner nicht würdig! Tötet täglich eure selbstsüchtigen Begierden, sonst seid ihr Meiner nicht würdig! Seid bereit, euer Leben zu verlieren, so werdet ihr es finden.« Wie Ryle sagt: »Obwohl das Christentum am Ende eine Krone in Aussicht stellt, bringt es auch ein Kreuz mit sich.« Diejenigen, die den Frieden mit ihren Mitmenschen über die Treue zu Christus stellen, sind Seiner nicht würdig.

Ein Schwert trennt. Auf der einen Seite des Schwertes Christi sind Elend und Tod. Auf der anderen Seite sind Freude und Leben. Auf welcher Seite des Schwertes Christi stehst du heute?

*Der Geist des HERRN, des Herrschers,
ist auf Mir, weil der HERR Mich gesalbt hat,
den Armen frohe Botschaft zu verkünden;
Er hat Mich gesandt, zu verbinden,
die zerbrochenen Herzens sind,
den Gefangenen Befreiung zu verkünden
und Öffnung des Kerkers den Gebundenen,
um zu verkündigen das angenehme Jahr
des HERRN und den Tag der Rache
unseres Gottes, und um zu trösten
alle Trauernden; um den Trauernden
von Zion zu verleihen, dass ihnen
Kopfschmuck statt Asche gegeben werde,
Freudenöl statt Trauer und Feierkleider
statt eines betrübten Geistes, dass sie
genannt werden »Bäume der Gerechtigkeit«,
eine »Pflanzung des HERRN« zu Seinem Ruhm.*

Jesaja 61,1-3

22

UM ZERBROCHENE HERZEN ZU VERBINDEN

Der britische Prediger Alexander MacLaren aus dem 19. Jahrhundert sagte: »Kein Mensch wird jemals viel für die Welt tun, dem nicht die Ohren geöffnet wurden, um ihre traurige Musik zu hören.«[10] Als der fleischgewordene Sohn Gottes hörte Jesus die traurige Musik der Welt. Er hatte *»Mitleid … mit unseren Schwachheiten« (Hebr. 4,15)* und erfuhr aus erster Hand, dass die Welt voller Sünde und Leid ist. Deshalb ist die Ankündigung Jesu, dass Er gekommen ist, um Jesaja 61 zu erfüllen, Musik in den Ohren derer, die zerbrochenen Herzens sind.

Jedes Kind Gottes hat schon einmal gespürt, wie seine Seele am Staub klebt und vor Kummer weint (Ps. 119,25.28). Durch die Umstände können wir von Hoffnungslosigkeit überwältigt werden. Das Leben in der sündigen Welt lastet schwer auf unseren Herzen. Zu

---

[10] Alexander MacLaren: »Expositions of Holy Scripture«

diesem Kummer gesellt sich noch der Schmerz, der durch die Verfolgung seitens der Gottlosen entsteht. Der Psalmist legt davon Zeugnis ab: *»Meine Tränen sind meine Speise bei Tag und bei Nacht, weil man täglich zu mir sagt: Wo ist [nun] dein Gott?« (Ps. 42,4).* Gott sei Dank, dass Christus gekommen ist, um all die Zerbrochenheit in den Herzen der Gläubigen zu heilen!

Das Kommen Jesu und Sein Wirken in Wort und Tat weisen auf den Tag hin, an dem alles wiederhergestellt wird, an dem *»Gott abwischen [wird] alle Tränen von [den] Augen«* Seines erlösten Volkes. In Offenbarung 21,4 heißt es weiter: *»… und der Tod wird nicht mehr sein, weder Leid noch Geschrei noch Schmerz wird mehr sein; denn das Erste ist vergangen.«*

Die Verheißung Jesu, die zerbrochenen Herzen zu verbinden, ist ein besonderer Trost für die Kinder Gottes, die über ihre Sünden trauern. Ein zerbrochenes Herz beklagt seine Unreinheit und bittet den Herrn, es zu reinigen (Ps. 51,9). Davids Herz war zum Beispiel nach seinem schändlichen moralischen Fehltritt zerbrochen. Er wusste, dass er nicht nur gegen Bathseba und Urija gesündigt hatte, sondern auch gegen den Herrn. Mindestens fünfzehnmal in Psalm 51 verwendet er Worte, die die Art seiner Sünde spezifizieren: »Übertretungen« (V. 3.5); »Schuld« (V. 4.7); »Sünde« (V. 4-7.11); »böse« (V. 6), und »Blutschuld« (V. 16).

Davids Herz wurde durch das Empfinden seiner Sünde zerbrochen. Er hatte das Gefühl, als hätte Gott ihm die Knochen zerschlagen (V. 10). Wegen seiner Schuld lastete Gottes Hand schwer auf ihm; er spürte die Art von Austrocknung und Durst, die mit einer solchen Schuld einhergeht, und sagte: *»… sodass mein Saft vertrocknete, wie es im Sommer dürr wird« (Ps. 32,4).* Dennoch wusste David, dass Gott sein Herz heilen würde. So schrieb er: *»Die Opfer, die Gott gefallen, sind ein zerbrochener Geist; ein zerbrochenes und zerschlagenes Herz wirst Du, o Gott, nicht verachten« (Ps. 51,19).*

In der hebräischen Version von Jesaja 61,1 heißt es wörtlich, dass Christus diejenigen »verbindet«, die zerbrochenen Herzens sind. Was für ein schönes Bild ist das für Christus, der Menschen heilt, die zerbrochenen Herzens sind, und ihre Wunden verbindet (Ps. 147,3; vgl. Lk. 10,34). Seine sanfte Berührung als Arzt der Seelen wurde in der Weissagung beschrieben: *»Das geknickte Rohr wird Er nicht zerbrechen, und den glimmenden Docht wird Er nicht auslöschen« (Jes. 42,3*; vgl. Mt. 12,20).

Dieses Bild von der zärtlichen Fürsorge Jesu ist besonders beeindruckend, wenn man bedenkt, dass Er in der Heiligen Schrift auch als kämpfender König dargestellt wird. In Psalm 2 heißt es, dass der Messias die Völker mit der Strenge der göttlichen Gerechtigkeit regieren wird. Christus wird sie *»mit eisernem Zepter zerschmettern, wie Töpfergeschirr sie zerschmeißen!« (V. 9).* Der Unterschied liegt in der Reaktion des Herzens auf die Regierung Christi. In Psalm 2 wehren sich die Völker gegen die Herrschaft Christi. In Jesaja 42 unterwerfen sich die Heiden Ihm und warten sehnsüchtig auf Sein Gesetz, Seine Lehre. Christus ist sowohl ein starker Herrscher als auch ein sanfter Heiland. Gegenüber denjenigen, die zerbrochenen Herzens sind, ist Er sanft; für diejenigen, die sich Ihm widersetzen, ist Er ein zermalmender Kriegsmann.

In Christus ist sowohl die Freundlichkeit als auch die Macht Gottes erschienen. Ein liebender Ehemann wird seine Frau sanft umarmen, wenn sie einen harten Tag hinter sich hat. Aber er ist bereit, jeden zu bekämpfen, der ihr etwas zuleide tut. Da wir wissen, dass wir in Christus einen solchen »Ehemann bzw. Bräutigam« haben, sollten wir die Haltung eines geknickten Schilfrohrs einnehmen, das sich zur Erde niederbeugt, als ob es Ihm huldigen wollte. *»Fühlt euer Elend, trauert und heult! ... Demütigt euch vor dem Herrn, so wird Er euch erhöhen« (Jak. 4,9-10).*

Dann können wir mit David singen:

> *»Du gibst mir den Schild Deines Heils, und Deine Rechte stützt mich, und Deine Herablassung macht mich groß.«*
>
> *Psalm 18,36*

Und Ich will den Vater bitten,
und Er wird euch einen anderen
Beistand geben, dass Er bei euch
bleibt in Ewigkeit, den Geist der Wahrheit,
den die Welt nicht empfangen kann,
denn sie beachtet Ihn nicht und
erkennt Ihn nicht; ihr aber erkennt Ihn,
denn Er bleibt bei euch
und wird in euch sein.

Johannes 14,16-17

Weil ihr nun Söhne seid, hat Gott den Geist
Seines Sohnes in eure Herzen gesandt,
der ruft: Abba, Vater!

Galater 4,6

23

UM UNS DEN GEIST DER SOHNSCHAFT ZU GEBEN

Unser Herz wird auf wunderbare Weise erwärmt, wenn wir auf die Frage antworten: »Was glaubst du, wenn du sprichst: ›Ich glaube an Gott, den Vater, den Allmächtigen, den Schöpfer des Himmels und der Erde‹?« »Ich glaube, dass der ewige Vater unseres Herrn Jesus Christus um Seines Sohnes willen mein Gott und mein Vater ist. Er hat Himmel und Erde mit allem, was darin ist, aus nichts erschaffen und erhält und regiert sie noch immer durch Seinen ewigen Rat und Seine Vorsehung.«

Diese Worte erinnern uns an den Vorrang der Vater-Sohn-Beziehung gegenüber der Beziehung zwischen Schöpfer und Geschöpf. Mit anderen Worten: Bevor Gott der allmächtige Schöpfer durch Christus durch den Geist ist, ist Er der ewige Vater des Sohnes, in Einheit und Gemeinschaft mit dem Heiligen Geist. Die Liebe des Vaters zum Sohn wird auf alle Menschen ausgedehnt, für die der Sohn Sein Leben hingab. Ihnen wird der Zugang zum Leben, zur Liebe, zur Einheit und zur

Herrlichkeit der Gottheit gewährt, soweit dies für bloße endliche Geschöpfe möglich ist. Jesus deutet dies in Seinem hohenpriesterlichen Gebet an:

> *»[Ich bitte] auf dass sie alle eins seien, gleichwie Du, Vater, in Mir und Ich in Dir; auf dass auch sie in Uns eins seien, damit die Welt glaube, dass Du Mich gesandt hast. Und Ich habe die Herrlichkeit, die Du Mir gegeben hast, ihnen gegeben, auf dass sie eins seien, gleichwie Wir eins sind, Ich in ihnen und Du in Mir, damit sie zu vollendeter Einheit gelangen, und damit die Welt erkenne, dass Du Mich gesandt hast und sie liebst, gleichwie Du Mich liebst.«*
>
> *Johannes 17,21-23*

Deshalb lehrte Jesus Seine Jünger im Vaterunser, Gott zunächst mit »Unser Vater« anzusprechen (Mt. 6,9). Christus tut dies, um in uns gleich zu Anfang unseres Gebetes die kindliche Ehrfurcht und Zuversicht Gott gegenüber zu wecken, auf die unser Gebet gegründet sein soll: dass nämlich Gott durch Christus unser Vater geworden ist.

Das ist auch der Grund, warum Gott uns den Heiligen Geist als Geist der Adoption bzw. Sohnschaft gibt. Paulus schreibt in seinem Brief an die Galater: *»Weil ihr nun Söhne seid, hat Gott den Geist Seines Sohnes in eure Herzen gesandt, der ruft: Abba, Vater!« (Gal. 4,6).*

Etwas Ähnliches schreibt er an die Heiligen in Rom: »... *ihr habt den Geist der Sohnschaft empfangen, in dem wir rufen: Abba, Vater! Der Geist Selbst gibt Zeugnis zusammen mit unserem Geist, dass wir Gottes Kinder sind« (Röm. 8,15-16).*

Dies ist der Geist, den der Herr Jesus Christus an Pfingsten ausgegossen hat. An jenem Tag bezeichnete Lukas, der Autor der Apostelgeschichte, das Brausen, das plötzlich vom Himmel herab kam, *»wie von einem daherfahrenden gewaltigen Wind«*, die zerteilten Zungen *»wie von Feuer«* und das Reden in anderen Sprachen als Zeichen der Ausgießung des Heiligen Geistes durch Christus (Apg. 2,2-3.17). Petrus sagt: *»Nachdem Er nun zur Rechten Gottes erhöht worden ist und die Verheißung des Heiligen Geistes empfangen hat von dem Vater, hat Er dies ausgegossen, was ihr jetzt seht und hört« (Apg. 2,33).* Er fügt noch hinzu: *»So soll nun das ganze Haus Israel mit Gewissheit erkennen, dass Gott Ihn sowohl zum Herrn als auch zum Christus gemacht hat, eben diesen Jesus, den ihr gekreuzigt habt!« (Apg. 2,36).* Den vielen Zuhörern drang die Botschaft durchs Herz, und sie fragten Petrus und die anderen Apostel, was sie tun sollten, um gerettet zu werden. Petrus antwortet: *»Tut Buße, und jeder von euch lasse sich taufen auf den Namen Jesu Christi zur Vergebung der Sünden; so werdet ihr die Gabe des Heiligen Geistes empfangen. Denn euch gilt die Verheißung und euren Kindern und allen, die ferne sind, so viele der Herr, unser Gott, herzurufen wird« (Apg. 2,38-39).*

Christus kam auf die Erde, damit wir durch den Heiligen Geist an der ewigen Beziehung zwischen Gott dem Vater und Gott dem Sohn teilhaben können. Er kam auf die Erde, damit wir an all der Ehre, dem Glück und den Privilegien teilhaben können, die Ihm als dem geliebten Sohn Gottes, des Vaters, zustehen. Der Vater will, dass Sein Sohn das Haupt einer großen Haushaltung ist – einer Familie oder einer Schar von Brüdern (Hebr. 2,11-12; 3,6).

Diese Aufnahme in die Familie Gottes ist mehr als ein rechtlicher Status. Wie wir aus dem Gebet Christi lernen, ist sie die innigste und liebevollste Verbindung und Gemeinschaft, die nicht geringer ist als diejenige zwischen dem Vater und dem Sohn. Sie ist auch von der Herrlichkeit Gottes Selbst durchstrahlt. Solche Privilegien werden allen zuteil, die an den Sohn glauben. Wie es im Psalm heißt:

> *»Der HERR wird zählen, wenn Er die Völker verzeichnet: ›Dieser ist dort geboren.‹ Und sie singen beim Reigen: ›Alle meine Quellen sind in Dir!‹«*
>
> *Psalm 87,6-7*

… durch welche Er uns
die überaus großen und kostbaren
Verheißungen gegeben hat,
damit ihr durch dieselben
göttlicher Natur teilhaftig werdet,
nachdem ihr dem Verderben
entflohen seid, das durch die Begierde
in der Welt herrscht.

2. Petrus 1,4

24

UM UNS DER GÖTTLICHEN NATUR TEILHAFTIG ZU MACHEN

Warum ist Christus auf die Erde gekommen? Warum hatte Er eine menschliche Natur? Die Antwort auf solche Fragen lautet: »Christus musste eine menschliche Natur haben, denn da die Sünde von den Menschen begangen wird, verlangt Gottes Gerechtigkeit, dass ein Mensch für die Sünde bezahlt.« Diese Antwort wird in der Heiligen Schrift in Passagen wie dieser klar gelehrt: *»Denn weil der Tod durch einen Menschen kam, so kommt auch die Auferstehung der Toten durch einen Menschen« (1.Kor. 15,21*; vgl. Röm. 5,18). Christus, das ewige Wort, wurde Fleisch, damit Er sich als Sühneopfer für Sein Volk darbringen konnte, um es mit Gott zu versöhnen.

Damit wir aber nicht denken, dass das Kommen Christi ins Fleisch nur auf unsere Stellung bei Gott Einfluss habe, stellt uns der Apostel Petrus die erstaunliche Tatsache vor, dass wir auch das Vorrecht erhalten haben, *»göttlicher Natur teilhaftig«* zu werden (2.Pt. 1,4). Über unseren hoffnungslosen Zustand und die Notwendigkeit der Inkarnation nachdenkend, bemerkt ein Ausleger: »Die Situation wäre hoffnungslos gewesen, wenn nicht *Gottes* Majestät Selbst zu uns herniedergekommen wäre, da es nicht in unserer Macht stand, zu ihm aufzusteigen. So musste der Sohn Gottes für uns zum *Immanuel* werden, das heißt ›Gott mit uns!‹, und zwar so, dass Seine Gottheit und die menschliche Natur sich aufs innigste miteinander vereinten.« Demnach wurde der Sohn *Gottes* auch zum Sohn des *Menschen*, »um uns das zuteilwerden zu lassen, was Ihm gehörte, und das, was von *Natur* aus Sein war, aus *Gnade* zu dem Unseren zu machen«, damit Er »uns mit Gott vereinige«. Diese Vereinigung geschieht »durch die geheime Kraft Seines Geistes«.

Die geheime Kraft des Geistes Christi vereinigt uns mit der menschlichen Natur Christi, wenn wir durch den Glauben in Ihn eingepfropft werden und beginnen, in Ihm zu leben. Christi Fleisch ist wie ein reicher, unerschöpflicher Brunnen, der das Leben, das aus der Gottheit (der ›göttlichen Natur‹) Selbst entspringt, zu uns überströmen lässt. Es ist der Kanal, durch den das göttliche Leben in uns hineinfließt.

Dieses göttliche Leben ist ein zweifaches Leben.

Erstens ist es das unvergängliche, herrliche geistliche Leben, das Gott uns verheißen hat. Weil unsere Seelen mit Christus verbunden sind, wissen wir, dass Er unsere vergänglichen Leiber eines Tages Seinem Leib der

Herrlichkeit gleichförmig machen wird (Phil. 3,21). Unser auferstandener Leib wird dann niemals mehr müde oder krank werden, verwesen oder sterben (Off. 21,1-4). Wir werden unsterbliche Leiber haben, genau wie der des auferstandenen Herrn Jesus Christus. Jesu unsterbliches, verherrlichtes menschliches Fleisch ist der Kanal, durch den wir die Gabe der leiblichen Unverweslichkeit oder Unsterblichkeit erhalten werden. Diese Verheißung wird sich an dem herrlichen Tag unserer Auferstehung erfüllen.

Zweitens ist dieses göttliche Leben das unvergängliche, herrliche geistliche Leben der Gerechtigkeit und Heiligkeit, das Gott uns verheißen hat und zu dem Er uns heute berufen hat. Nachdem Petrus über das herrliche Vorrecht geschrieben hat, der göttlichen Natur teilhaftig zu werden, fährt er fort: *»So setzt eben deshalb allen Eifer daran und reicht in eurem Glauben die Tugend dar, in der Tugend aber die Erkenntnis, in der Erkenntnis aber die Selbstbeherrschung, in der Selbstbeherrschung aber das standhafte Ausharren, im standhaften Ausharren aber die Gottesfurcht, in der Gottesfurcht aber die Bruderliebe, in der Bruderliebe aber die Liebe« (2.Pt. 1,5-7).*

Das sind unbestechliche Tugenden oder geistliche Gnaden, die in dem gerechten und heiligen menschlichen Leben des Herrn Jesus Christus ausgelebt und für uns verkörpert wurden. Was Er für uns getan hat, wirkt Er auch in uns durch Seinen Heiligen Geist, wenn wir durch den Glauben in Christus bleiben.

Wenn dies geschieht, empfangen wir aus der Fülle der verherrlichten menschlichen Natur Christi *»Gnade um Gnade« (Joh. 1,16).*

Bis zu Seiner Wiederkunft hat Christus die Feier des Mahls des Herrn als Mittel eingesetzt, um dieses Geheimnis der Vereinigung des Gläubigen mit Ihm zu erfahren. Dieses Mahl versinnbildlicht die geheimnisvolle Vereinigung Christi mit den Gläubigen, das von Natur aus unverständlich ist. Im Mahl steigen die Gläubigen in den Himmel auf, wo sie mit dem verherrlichten Christus verbunden sind. Diese Verheißung der Teilhabe an der göttlichen Natur ist heute nur teilweise erfüllt. Aber im Neuen Himmel und auf der Neuen Erde wird sie sich vollkommen erfüllen, wenn wir mit verherrlichten Leibern für immer in der Gegenwart unseres Herrn leben werden.

Denn ein Kind ist uns geboren,
ein Sohn ist uns gegeben;
und die Herrschaft ruht auf Seiner Schulter;
und man nennt Seinen Namen:
Wunderbarer, Ratgeber, starker Gott,
Ewig-Vater, Friedefürst. Die Mehrung
der Herrschaft und der Friede
werden kein Ende haben auf dem Thron
Davids und über Seinem Königreich,
dass Er es gründe und festige mit
Recht und Gerechtigkeit
von nun an bis in Ewigkeit.
Der Eifer des HERRN
der Heerscharen wird dies tun!

Jesaja 9,5-6

25

UM ALS KÖNIG ZU REGIEREN

Eines der großartigen Themen der Bibel ist, dass Gott *»König der ganzen Erde«* ist *(Ps. 47,8)*. Im ersten Loblied der Heiligen Schrift heißt es: *»Der HERR herrscht als König für immer und ewig!« (2.Mo. 15,18)*. Der Gläubige betet: *»Höre auf die Stimme meines Schreiens, mein König und mein Gott«*, der solche Gebete hört und erhört, weil Er der *»König der Herrlichkeit«* und *»der Held im Streit«* ist *(Ps. 5,3; 24,8)*. Am Ende der Bibel zeigt die Offenbarung eine große Schar von Gläubigen, die rufen: *»Halleluja! Denn der Herr, Gott, der Allmächtige, hat die Königsherrschaft angetreten!« (Off. 19,6)*.

Ein weiteres großartiges Thema der Bibel ist, dass Gott einen menschlichen König einsetzt, der Sein Volk in Seinem Namen regiert. Von Gottes Bund mit Abraham (1.Mo. 17,6) bis zu Seinem Bund mit David (2.Sam. 7,12) verhieß Gott, Seinem Volk einen König zu geben, der über sie herrschen sollte. Selbst nachdem Babylon Jerusalem erobert und Sein Volk ins Exil geführt hatte, hielt Gott an der Verheißung fest, in der Linie Davids einen Hirtenkönig zu erwecken: *»Ich will ihnen einen einzigen Hirten erwecken, der sie weiden soll, nämlich Meinen Knecht David; Der soll sie weiden, und Der soll ihr Hirte sein« (Hes. 34,23).*

Letztlich ist Gott König; aber dieser König verheißt auch, einen menschlichen König zu senden, der in Seinem Namen regiert. In Jesaja 9,6-7 wird erklärt, dass diese beiden großartigen Wahrheiten in einer Person zusammenkommen werden. Dieser König ist ein Mensch, *»denn ein Kind ist uns geboren« (Jes. 9,5).* Er hat eine menschliche Mutter (Gal. 4,4). Er kommt in der Schwachheit eines Säuglings zur Welt. Er hat eine menschliche Abstammung, einen Stammbaum, der bis zu David zurückreicht, so dass Er das Recht hat, »auf dem Thron Davids« zu sitzen. Doch Gott ist immer noch »der Gott Davids«, und Sein Bund hat Bestand (Jes. 38,5; 55,3).

Wir brauchen einen menschlichen König, aber nicht um eine irdische Königsherrschaft aufzurichten, sondern um im geistlichen Reich Gottes zu regieren. Wir brauchen einen Hirten, der mit uns als Seinen Schafen durch das Tal der Todesschatten geht und uns an Sein Herz drückt (Ps. 23,1-4; Jes. 40,11). Unser König muss menschliche Hände haben, um uns die Tränen aus den Augen zu wischen, und eine menschliche Seele, die in unserem Kummer mit uns fühlt. Dieser König ist Jesus.

Dieser König ist aber auch Gott. Mit Worten und Sätzen, die wie Diamanten funkeln, offenbart Jesaja

Seine göttlichen Eigenschaften: »wunderbar«, »mächtig«, »ewig«, »die Mehrung Seiner Herrschaft wird kein Ende haben«. Er ist auch der »starke Gott«. Jesaja stellt klar, dass »der starke Gott« »der HERR, der Heilige Israels« ist (Jes. 10,20-21). Dieser König ist Jahweh!

So wie wir einen menschlichen König brauchen, brauchen wir auch einen göttlichen König. Wir brauchen einen König mit übernatürlicher Weisheit, der uns aus dem Schlamassel herausführt, den wir durch unsere Sünden verursacht haben. Jesus ist der »wunderbare Ratgeber«, der die ganze Weisheit Gottes, des Herrn, besitzt (Jes. 28,29). Wir brauchen einen König mit unendlicher Macht, um Sünde, Tod, Satan und Hölle zu überwinden. Jesus ist der »starke Gott«, dessen Stimme allein eine herrliche Waffe ist, mit der Er Seine Feinde tötet (Jes. 11,4).

Wir brauchen auch einen König, der uns für immer lieben wird, durch alle Höhen und Tiefen unseres unvollkommenen Gehorsams hindurch. Jesus ist der »Ewig-Vater« für Sein Volk. Er ist voller Mitgefühl für strauchelnde Heilige. Er ist nicht Gott der Vater, aber dennoch können wir von Christus sagen: *»Wie sich ein Vater über Kinder erbarmt, so erbarmt sich der HERR über die, welche Ihn fürchten« (Ps. 103,13).* Und wir müssen einen König haben, der unserem Leben wahren Frieden und Harmonie verleihen kann. Jesus ist also »der Friedefürst«, dessen »Friedensreich« nicht irdisch ist, sondern göttlich und kein Ende hat. Er bringt nicht einen Frieden, der sich mit der Sünde abfindet, sondern einen Frieden, der die Sünde durch »Recht und Gerechtigkeit« besiegt (Jes. 9,6).

Christus ist König, der Gott-Mensch, der für uns gegeben wurde. Der Eifer Gottes für Seine eigene Herrlichkeit garantiert, dass das ewige Reich Christi nicht scheitern kann. Wenn du dich Ihm unterwirfst, dann werden deine Augen eines Tages *»den König in Seiner Schönheit schauen« (Jes. 33,17).* Was für eine herrliche Hoffnung ist das!

> *»Und Er wird herrschen von Meer zu Meer und vom Strom bis an die Enden der Erde. Vor Ihm werden sich die Wüstenvölker beugen, und Seine Feinde werden Staub lecken.«*
>
> *Psalm 72,8-9*

Und der Engel antwortete
und sprach zu ihr:

Der Heilige Geist wird
über dich kommen,
und die Kraft des Höchsten
wird dich überschatten.
Darum wird auch das Heilige,
das geboren wird,
Gottes Sohn genannt werden.

Lukas 1,35

26

UM DIE MENSCH-LICHE NATUR ZUR HEILIGKEIT ZURÜCKZUFÜHREN

Es ist viel einfacher, in eine Schlammpfütze zu treten, als die Flecken aus der Kleidung zu entfernen. Stell dir vor, du versuchst, die schmutzige Kleidung zu waschen, indem du sie mit schlammigen Händen schrubbst. Wie effektiv wäre das? Als der Mensch in Sünde fiel, fiel er in eine Grube geistlichen Schmutzes. Nun machen all unsere Bemühungen, uns mit schlammigen Händen zu reinigen, die Sache nur noch schlimmer. Um die Seelen zu waschen, braucht man zunächst etwas Sauberes.

Hiob fragte: *»Wie könnte denn ein Reiner von einem Unreinen kommen?!« (14,4).* Die Sünde ist so tief in unserer Natur verwurzelt, dass wir das Böse, das unsere Herzen vergiftet, ebenso wenig ändern können, wie das Melanin, das unsere Haut färbt (Jer. 13,23). Dunkle Haut ist schön (Hl. 1,5); aber von der Sünde verunreinigte Seelen sind es nicht.

Viele Menschen sind mit einer aus äußeren Regeln und Zeremonien bestehenden Religion recht zufrieden, weil sie eine oberflächliche Sicht von der Sünde haben. Vielleicht haben sie eher lockere Regeln, wie zum Beispiel die Mindestanforderung, ab und zu am öffentlichen Gottesdienst teilzunehmen. Oder vielleicht haben sie strenge und komplexe Regeln, die aus Verhaltensweisen bestehen, die fast so kompliziert sind wie die japanische Teezeremonie. Wie auch immer, Verhaltensänderungen können das Herz nicht verändern noch reinigen, denn es ist der Sitz unserer Verdorbenheit. Christus sagte: *»Entweder pflanzt einen guten Baum, so wird die Frucht gut, oder pflanzt einen schlechten Baum, so wird die Frucht schlecht! Denn an der Frucht erkennt man den Baum« (Mt. 12,33).*

Jesus ist gekommen, um die Wurzel eines ganz neuen Baumes zu werden. Er ist auch der Weinstock, und wir sind die Reben (Joh. 15,5). Er ist das Haupt, und wir sind die Glieder Seines Leibes, der Gemeinde (Eph. 4,15-16). Er ist nicht nur gekommen, um uns den Weg zu lehren; Er hat als Urheber und Vollender unseres Glaubens den Weg gebahnt. Jetzt können wir den Wettlauf, der vor uns liegt, bewältigen, indem wir durch den Glauben, den Er in unseren Herzen wirkt, auf Ihn schauen. Wir sind geheiligt, weil wir Christi Brüder sind, eins geworden mit Ihm – mit Dem, der heiligt (Hebr. 2,10-11; 12,1-2).

Deshalb ist die Tatsache der Jungfrauengeburt Christi so wichtig. Manche Menschen stoßen sich an diesem Wunder, weil sie es nicht glauben können, denn normalerweise werden Babys durch die Vereinigung von Mann und Frau gezeugt. Wenn Gott jedoch die Macht hat, das Universum aus dem Nichts zu erschaffen und die Menschen aus dem Staub der Erde zu bilden, dann ist eine Jungfrauengeburt für Ihn ein »Kinderspiel«. Wie der Engel zu Maria sagte: *»Bei Gott ist kein Ding unmöglich« (Lk. 1,37).*

Mit der Jungfrauengeburt wollte Gott aber nicht nur Seine Macht zur Vollbringung des Unmöglichen unter Beweis stellen. Der Engel erklärte Maria, wie es geschehen werde, dass sie ohne einen menschlichen Partner ein Kind empfangen würde: *»Der Heilige Geist wird über dich kommen, und die Kraft des Höchsten wird dich überschatten. Darum wird auch das Heilige, das [von dir] geboren wird, Gottes Sohn genannt werden« (Lk. 1,35).*

Der Heilige Geist stattete den ewigen Sohn Gottes mit einer menschlichen Natur aus dem Fleisch und Blut Seiner jungfräulichen Mutter aus, so dass Christus vom Augenblick Seiner Empfängnis an heilig, untadelig, unbefleckt und frei von Sünde war.

So wie Sarah auf wundersame Weise Isaak, das erste Kind der Verheißung, empfing, so empfing auch Maria auf übernatürliche Weise das erste Kind der neuen Schöpfung. Zu Moses Zeiten überschattete Gottes Herrlichkeit die Stiftshütte (2.Mo. 40,35), aber in Christus würde die göttliche Herrlichkeit die menschliche Natur

»überschatten«, um sie als Tempel des lebendigen Gottes wiederherzustellen. Der erstgeborene Sohn Marias war heilig, denn schon Seine Empfängnis war das Werk des Heiligen Geistes.

In dieser wundersamen Geburt liegt die Hoffnung für ein von der Sünde verunreinigtes Volk. Was wir nicht aus eigener Kraft tun können, wird durch die Macht Gottes in uns gewirkt. Auch wir können durch den Heiligen Geist heilig gemacht werden, weil Er uns mit dem heiligen Sohn Gottes vereint. Unsere Bestimmung als Christen ist es, Seinem Bild in Gerechtigkeit und Heiligkeit gleichgestaltet zu werden (Röm. 8,29). So stellt Christus die Heiligkeit in den Unheiligen und die Schönheit in den von der Sünde Verunstalteten wieder her.

Daher musste Er in jeder Hinsicht
den Brüdern ähnlich werden,
damit Er ein barmherziger und
treuer Hoherpriester würde in dem,
was Gott betrifft, um die Sünden
des Volkes zu sühnen; denn worin Er Selbst
gelitten hat, als Er versucht wurde,
kann Er denen helfen, die versucht werden.

Hebräer 2,17-18

27

UM EIN BARMHERZIGER UND TREUER HOHERPRIESTER ZU SEIN

Gott ist über die Sünde gekränkt. Dabei ist Er nicht kleinlich, wie eine Art kosmischer Kontrollfreak. Er hasst die Sünde wegen ihrer unendlichen Hässlichkeit. Sein glühender Zorn gegen die Sünde ist die andere Seite Seiner heiligen Liebe zur Gerechtigkeit (Ps. 11,5-7). Gott ist tatsächlich gut; aber das ist eine schlechte Nachricht für uns, denn wir sündigen alle (1.Kö. 8,46). Wir alle verdienen es, den Herrn mit flammenden Augen der Gerechtigkeit sagen zu hören: *»Geht hinweg von Mir, ihr Verfluchten, in das ewige Feuer, …!« (Mt. 25,41).*

Wie können wir mit einem so heiligen Gott leben, geschweige denn uns Ihm im Gottesdienst nahen? Das war genau das Problem, mit dem das alte Israel konfrontiert war. Gott eröffnete den Menschen den Weg, mit Ihm in Kontakt zu treten, indem Er Opfer für die Sünde einführte und die Priesterschaft einsetzte. Er führte ein rituelles System ein, durch das Aaron und seine Söhne sich Ihm nahten und Opfer für das Volk darbrachten (2.Mo. 28-29). Sie brachten das Blut von Brandopfern und Sündopfern in Gottes heilige Gegenwart, um die Sünden des Volkes zu sühnen und um Gottes Vergebung und Segen für Israel zu erflehen.

Gott baute in das ganze System auch ein tiefgehendes Gefühl der Unzulänglichkeit ein. Wenn die Priester Seine Anweisungen nicht genaustens befolgten, starben sie (3.Mo. 10,1-3). Bei den Opfern handelte es sich um Tiere, die schwerlich den Preis für die Sünden der Menschen ein für alle Mal bezahlen konnten. Weil sie das nicht konnten, mussten die Opfer immer wieder dargebracht werden. Außerdem konnte das Volk selbst nicht in das Allerheiligste Gottes eintreten, sondern musste draußen, im Vorhof der Stiftshütte, anbeten. Das ganze System war nur ein Schattenbild, das auf eine kommende Wirklichkeit hinwies (Hebr. 9,7-8; 10,1-4).

Das wahre Priestertum kam in Christus. Die Heilige Schrift sagt uns in Hebräer 2,17-18, dass der Sohn Gottes Mensch wurde, weil »*Er in jeder Hinsicht ... den Brüdern ähnlich werden [musste]*«. Die »Brüder« Christi sind das Volk, das Er zu retten gekommen ist, der auserwählte geistliche Same des Bundes (Hebr. 2,16), der zu gegebener Zeit durch Seinen priesterlichen Dienst geheiligt werden würde (Hebr. 2,11).

Es gibt zwei Gründe, warum Christus Mensch werden musste, um ein barmherziger und treuer Hoherpriester zu sein.

Erstens musste ein Hoherpriester für die Sünden des Volkes Sühnung leisten. Als ein menschlicher Hoherpriester besänftigte oder stillte Christus den Zorn Gottes, so dass Er den Sündern vergeben konnte (Ps. 78,38). Dieser Hohepriester opferte sich Selbst als Opfer gemäß dem Willen Seines Vaters, um uns ein für alle Mal vor Gott heilig zu machen (Hebr. 10,10-14).

Weil Er uns durch das Opfer Seines Leibes gerettet hat, musste Christus in jeder Hinsicht an unserem Fleisch und Blut teilhaben, mit Ausnahme unserer Sünde (Hebr. 2,14; 4,15). Welch eine erstaunliche Liebe hat Er zu uns! Christus ist als Gott ein unendlicher und unsterblicher Geist, doch Er nahm einen menschlichen Kopf an, um mit Dornen gekrönt und mit einem Rohr geschlagen zu werden. Er nahm einen menschlichen Körper an, um mit einer römischen Geißel zerfetzt zu werden. Er nahm menschliche Arme und Beine an, damit sie aufs Kreuz gelegt werden konnten, und menschliche Hände, damit sie ans Holz genagelt werden konnten. Er nahm eine menschliche Seele an, um den unaussprechlichen Schmerz zu verspüren, dass Sein Vater Ihn in der Finsternis verlassen hatte. Er nahm unsere eigene Natur an, damit Er für unsere Sünden bluten und sterben konnte. Johannes 15,13 sagt: *»Größere Liebe hat niemand als die, dass Einer Sein Leben lässt für Seine Freunde.«*

Zweitens muss ein Hoherpriester Fürsprache um Gottes Gnade einlegen, um *»denen [zu] helfen, die versucht wer-*

den« (Hebr. 2,18). Der Hohepriester Aaron ging mit Blut und wohlriechendem Weihrauch in das Allerheiligste ein und trug auf seiner Schulter und seinem Brustschild die Namen der Stämme Israels; aber Jesus Christus ist mit dem Verdienst Seiner Leiden und Seines Gehorsams in den Himmel selbst aufgefahren und trägt unsere Namen auf Seinem Herzen, um dort Fürsprache für diejenigen einzulegen, die an Ihn glauben.

Dieser Hohepriester legt Fürsprache für uns ein mit einem Herzen voll zärtlichem Mitleid, denn *»Er [hat] Selbst gelitten, als Er versucht wurde«*. Er *»[hat] Mitleid … mit unseren Schwachheiten« (Hebr. 4,15).* Wenn Er unsere sündigen Schwächen, unseren strauchelnden Gehorsam und unsere unbeholfenen, unartikulierten Gebete sieht, wird Sein Herz von Liebe bewegt. Er erinnert sich an Seine eigenen Kämpfe, Gebete und Tränen (Hebr. 5,9).

Deshalb *»lasst uns hinzutreten«* zu Gott, *»… in völliger Gewissheit« (Hebr. 10,22)* und auf unseren alleinigen Hohenpriester vertrauen, damit unsere Herzen gestärkt werden durch die Gnade, von der Jesus Christus weiß, dass wir sie für heute nötig haben.

Dennoch herrschte der Tod
von Adam bis Mose auch über die,
welche nicht mit einer gleichartigen
Übertretung gesündigt hatten wie Adam,
der ein Vorbild dessen ist, der kommen sollte.
Aber es verhält sich mit der Gnadengabe nicht
wie mit der Übertretung. Denn wenn durch
die Übertretung des Einen die Vielen gestorben
sind, wie viel mehr ist die Gnade Gottes und
das Gnadengeschenk durch den einen Menschen
Jesus Christus in überströmendem Maß
zu den Vielen gekommen.

Römer 5,14-15

28

UM DER LETZTE UND GRÖSSERE ADAM ZU SEIN

»Bei Adams Fall sündigten wir alle«, heißt es im Lehrbuch für Grundschulen, mit dem Tausende von Kindern in Amerika einst das Lesen lernten. Auch wenn diese Worte vielen Menschen heute fremd erscheinen, so spiegelt das Buch doch die biblische Wahrheit wider, wie sie Paulus formuliert hat: *»Darum, gleichwie durch einen Menschen die Sünde in die Welt gekommen ist und durch die Sünde der Tod, und so der Tod zu allen Menschen hingelangt ist, weil sie alle gesündigt haben« (Röm. 5,12).*

Die Sünde Adams war nicht nur ein schlechtes Beispiel; durch ihn kam die Sünde in die Welt. Unmittelbar nach dem Sündenfall lesen wir im 1. Buch Mose von fehlerhafter Anbetung, von einem, der seinen Bruder ermordete, von Polygamie und von Schreien nach Rache (1. Mose 4). Nicht viele Generationen später überprüfte Gott die Menschheit und kam zu dem ernüchternden Schluss, dass vom Menschen gesagt werden musste, dass *»alles Trachten der Gedanken seines Herzens allezeit nur böse«* war (1.Mo. 6,5).

Es ist nicht nur so, dass die Sünde durch Adam in die Menschheit eingedrungen ist und über sie herrscht, sondern auch, dass *»durch die Übertretung des einen die Verurteilung für alle Menschen kam« (Röm. 5,18).* Die gesamte Menschheit wurde durch Adams Sünde zur Verdammnis verurteilt. Wir sind alle in ihm schuldig geworden und stehen daher unter dem Zorn Gottes.

Adam war nicht nur unser leiblicher Vater, sondern er war auch unser Oberhaupt oder Stellvertreter im Bund Gottes. Obwohl Eva bei ihm war, erhielt Adam allein den Befehl Gottes, nicht von dem Baum zu essen, und die Androhung des Todes bei Ungehorsam (1.Mo. 2,15-17). Als Krone der Schöpfung brachte sein Ungehorsam nicht nur den Tod für ihn selbst, sondern führte auch zu dem Fluch bezüglich der Unordnung auf der Erde (1.Mo. 3,17).

Die Sünde Adams brachte auch seinen Nachkommen den Tod (1.Mo. 5; Röm. 5,12.17). Aus diesem Grund stellte Paulus fest, dass der Tod auch diejenigen dahingerafft hat, die sich noch nicht wie Adam bewusst gegen Gottes Gesetz aufgelehnt haben (Röm. 5,14). Wie furchtbar war die Schuld der Sünde Adams, dass ihre generationsübergreifenden Fangarme sogar unsere kleinen Kinder ergreifen!

In der Finsternis von Adams Fall gab es jedoch ein Licht der Hoffnung, denn Adam war *»ein Vorbild dessen …, der* *kommen sollte« (Röm. 5,14)*, das heißt Jesu Christi. Adam war ein Modell, gleichsam ein Prototyp des kommenden Heilands. So wie Adam durch die Versuchungen der Schlange fiel, so versprach Gott, dass »der Same« der Frau kommen und dem Satan den Kopf zertreten würde (1.Mo. 3,15). Das Lukasevangelium verkündet, dass der Sohn Gottes gekommen ist, und es führt Seine Abstammung auf Adam und Gott zurück (3,22.38). Christus hat alle Versuchungen des Teufels überwunden (Lk. 4,1-13). Damit wurde Jesus Christus der »letzte Adam« und »der zweite Mensch« (1.Kor. 15,45.47), der aufrecht und fest stand, während der erste Adam fiel.

Christus ist nicht nur ein gutes Vorbild, das es nachzuahmen gilt, sondern Er ist der Repräsentant oder Stellvertreter Seines Volkes in Seinem rechtlichen und bundesmäßigen Status vor Gott. Adams Ungehorsam brachte die Verurteilung, so dass alle Menschen als Sünder galten, aber Christi Gehorsam brachte die Rechtfertigung, so dass Sein Volk nun als gerecht gilt (Röm. 5,16.19). Die Gläubigen sind Sein »Same« (Ps. 22,31), und Gott freut sich daran, sie zu rechtfertigen, weil ihr geistlicher Vater, der »Knecht des HERRN«, »der Gerechte«, all ihre Sünden getragen hat (Jes. 53,10-11).

Wie herrlich ist es doch, mit Christus vereint zu sein! Er ist nicht nur »der zweite Mensch«, sondern auch »der letzte Adam«, dessen Werk niemals ungeschehen gemacht oder ersetzt werden kann (1.Kor. 15,45). Sein gerechtes Leben, Sein Fluchtod (5.Mo. 21,23; Gal. 3,13) und Seine siegreiche Auferstehung geben allen, die an Ihn glauben, die in Ihm sind, Leben – geistliches Leben heute und Auferstehungsleben bei Seiner Wiederkunft in Herrlichkeit (Eph. 2,4-7; 1.Kor. 15,22-23).

Wann immer wir die Bitterkeit des Lebens in einer Welt schmecken, die wegen der Sünde des ersten Adam verflucht ist, lasst uns die Lieblichkeit des Gehorsams des »letzten Adam« schmecken. Ob wir nun den Schmerz empfinden, der durch natürliche Übel wie Krebs, Orkane und angeborene Missbildungen oder durch moralische Übel wie Rassismus, staatliche Tyrannei und selbstsüchtige Gier verursacht wird, oder auch durch die Verfolgung, lasst uns unsere Hoffnung in der Verheißung jenes kommenden Tages verankern, an dem der gesamte Fluch beseitigt sein wird und es *»neue Himmel und eine neue Erde«* geben wird, *»in denen Gerechtigkeit wohnt« (2.Pt. 3,13).*

Lasst uns jubeln, uns freuen und uns rühmen in dem »letzten Adam«! Das Werk Christi hebt nicht nur die Sünde Adams auf. Nein, wie Paulus sagt, hat Christus eine Überfülle an Gnade erreicht, die über das hinausgeht, was die Sünde zerstört hat (Röm. 5,15.20). Wir werden nicht nur dem Tod und der Hölle entkommen, sondern durch Ihn »im Leben herrschen« (Röm. 5,17). Wir werden Könige und Priester in einer neuen Welt sein, von der Adam nicht einmal zu träumen wagte (Off. 1,5-6; 5,9-10; 22,3-5).

Jesus antwortete und sprach zu ihr:

*Jeden, der von diesem Wasser trinkt,
wird wieder dürsten. Wer aber von dem
Wasser trinkt, das Ich ihm geben werde,
den wird in Ewigkeit nicht dürsten,
sondern das Wasser, das Ich ihm geben werde,
wird in ihm zu einer Quelle von Wasser werden,
das bis ins ewige Leben quillt.*

Johannes 4,13-14

29

UM UNSEREN TIEFSTEN DURST ZU STILLEN

Als die Jünger nach Sichar gingen und Jesus am Jakobsbrunnen zurückließen, ahnten sie nicht, dass Er eine wichtige Verabredung wahrnehmen würde. Um die Mittagszeit (nicht die übliche Zeit, um Wasser zu schöpfen) kam eine samaritische Frau mit ihrem Wasserkrug zu dem Brunnen. Kurz darauf war sie wieder in der Stadt, vergaß den Wasserkrug und erzählte allen, die sie traf, begeistert von Christus. Zwei Tage später erklärten die Samariter: *»Dieser [ist] wahrhaftig der Retter der Welt, der Christus« (Joh. 4,42).*

Was bewegte die Samariter, die erbitterte Feinde der Juden waren, dazu, diesen jüdischen Mann als Retter anzunehmen? Es begann damit, dass Jesus die Frau um einen Schluck Wasser bat. Er war müde vom Gehen, und Ihm war heiß, denn es war Mittag. Aber Jesus versuchte nicht so sehr, Seinen eigenen Durst zu stillen, als vielmehr den geistlichen Durst der Frau zu wecken.

Christus kann uns erquicken, wie es kein irdisches Getränk vermag. Nachdem die Samariterin auf die Bitte

Christi um Wasser hin verwundert fragte, wie Er als Jude sie so etwas fragen konnte, sagte Er: »*Wenn du die Gabe Gottes erkennen würdest und wer Der ist, der zu dir spricht: Gib Mir zu trinken!, so würdest du Ihn bitten, und Er gäbe dir lebendiges Wasser« (Joh. 4,10).* »Lebendiges Wasser« war ein gewöhnlicher Ausdruck für frisches Quellwasser; aber Christus deutete an, dass Er mehr meinte, denn Er nannte es »die Gabe Gottes«. Johannes erklärte später, dass es sich dabei um die Gabe des Heiligen Geistes handelte (Joh. 7,37-39). Christus drängte die Frau auch zu der Frage, wer Er sei, der die Macht habe, ihr eine solche göttliche Gabe zu geben.

Nur wenige Menschen erkennen Jesus als Denjenigen, der sie wirklich erfüllen kann. Die Frau wunderte sich über Sein Angebot von frischem Wasser, obwohl Er nicht einmal einen Eimer hatte. Sie hatte eindeutig einen klaren Verstand, auch wenn es ihr an geistlicher Einsicht fehlte. Sie stellte auch Sein Versprechen in Frage, ihr besseres Wasser von Gott zu geben, als ob Er *»größer als unser Vater Jakob«* sei, *»der uns den Brunnen gegeben … hat« (Joh. 4,12).* Ohne Glauben sehen wir Christus als schwach an, unfähig, sich um Seine eigenen Belange zu kümmern, ganz zu schweigen um die unseren. Unsere eigene Intelligenz kann uns blind machen für das, was Jesus zu geben bereit ist.

Dennoch erträgt Christus geduldig die stolzen Sünder und offenbart sich ihnen. So erklärte Er der Samariterin, dass das Wasser aus diesem Brunnen nur für eine gewisse Zeit zufriedenstellt, dass aber das lebendige Wasser, das Er schenkt, *»zu einer Quelle von Wasser werden [wird], das bis ins ewige Leben quillt«*, und zwar im Innern des Menschen, so dass ihn *»in Ewigkeit nicht dürsten [wird]« (Joh. 4,14)*. Dieses Wasser entspringt aus einem artesischen Brunnen[11] des übernatürlichen Lebens in der Seele. Dieser Brunnen ist nichts Geringeres als der Herr Selbst, *»die Quelle des lebendigen Wassers« (Jer. 2,13; 17,13)*.

Jetzt sehen wir, warum Christus gesagt hat, dass Er allein unseren Durst stillen kann. Erstens fließt dieses lebendige Wasser in unsere Seele. Physische Dinge mögen unseren Körper erfreuen und trösten, aber sie können unser Herz nicht stillen. Zweitens: Das lebendige Wasser ist das Leben Gottes in unserer Seele. Gott hat uns zu sich Selbst hin geschaffen, und wir werden immer Durst haben, bis wir ausgiebig von Ihm trinken.

Viele Menschen erwarten von Gott eine falsche Art von Befriedigung. Die Frau bat Christus sofort um lebendiges Wasser und dachte, dass sie nie wieder Wasser aus dem Brunnen schöpfen müsste. Aber Christus gibt uns den rechten Durst nach Ihm, indem Er uns von der Sünde überführt. So forderte Er die Frau auf,

---

[11] Ein Brunnen, dessen Wasser durch Überdruck des Grundwassers aufsteigt.

ihren Mann herzurufen und zu ihnen zu kommen. Als sie erwiderte: *»Ich habe keinen Mann!«*, erstaunte Seine Antwort sie: *»Du hast recht gesagt: Ich habe keinen Mann! Denn fünf Männer hast du gehabt, und der, den du jetzt hast, ist nicht dein Mann. Da hast du die Wahrheit gesprochen« (Joh. 4,16-18).* Er legt Seinen Finger sanft auf den wunden Punkt unseres Herzens, um uns zu zeigen, dass wir Gott brauchen.

Die Menschen wollen sich ihren Durst nicht eingestehen. Die Samariterin versuchte daher, das Thema zu wechseln, indem sie Christus fragte, wer am richtigen Ort anbeten würde, die Juden oder die Samariter. Jesus antwortete, dass Er der Christus ist. Weil Er gekommen ist, geht es Gott nicht um Gebäude oder Orte der Anbetung, sondern um die wahren Anbeter, die den Vater im Geist und in der Wahrheit anbeten (Joh. 4,19-26). Das große Zeitalter der Symbole und Schattenbilder ist somit in Christus, dem lebendigen Wasser, erfüllt.

Wenn Jesus Christus deinen Durst gestillt hat, wird Seine Wahrheit dich dazu bewegen, Gott so anzubeten, wie Er es befiehlt, indem du den Vater anrufst, im Namen Christi und in der Kraft des Geistes.

Da sprach Jesus zu ihnen:

Wenn Gott euer Vater wäre,
so würdet ihr Mich lieben,
denn Ich bin von Gott ausgegangen
und gekommen; denn nicht von
Mir Selbst bin Ich gekommen,
sondern Er hat Mich gesandt.

Johannes 8,42

30

UM VON DEN KINDERN GOTTES GELIEBT ZU WERDEN

Nicht jeder liebt Jesus. Wir sprechen hier nicht von eingefleischten Heiden und militanten Atheisten, sondern von gewöhnlichen religiösen Menschen, die behaupten, an Jesus zu glauben, Ihn aber überhaupt nicht lieben. Das ist es, was Christus auf Erden erlebt hat.

Der Herr Jesus hat die Menschen oft durch Seine Worte und Taten verärgert. Christus sagte einmal zu einigen Menschen, die behaupteten, an Ihn zu glauben, dass nur die wahrhaftigen Jünger in Seinem Wort bleiben, *»und ihr werdet die Wahrheit erkennen, und die Wahrheit wird euch frei machen« (Joh. 8,30-32).* Sie wandten ein, dass sie freie Menschen und Kinder Abrahams seien. Aber Christus sagte ihnen, sie seien Sklaven der Sünde, und nur der Sohn könne sie befreien (Joh. 8,33-36). Er sagte auch, sie hätten Sein Wort verworfen und wollten Ihn töten, weil sie Kinder des Teufels seien, der ein Mörder und Lügner sei (Joh. 8,37.43-47). Sie antworteten, indem sie dem Sohn Gottes sagten, Er sei ein von Dämonen besessener Samariter!

Der oberflächliche Glaube an Christus und die Liebe zu Ihm können verdunsten wie der Morgentau, wenn Er die Menschen mit ihrer Sünde und ihrer Heilsbedürftigkeit konfrontiert (Joh. 3,19-20; 15,22-25). In Johannes 6,66 heißt es: *»Aus diesem Anlass zogen sich viele Seiner Jünger zurück und gingen nicht mehr mit Ihm.«*

Christus hat jedoch gesagt, dass die wahren Kinder Gottes Ihn lieben. Er sagte: *»Wenn Gott euer Vater wäre, würdet ihr Mich lieben« (Joh. 8,42).* Diejenigen, die Christus lieben, stehen unter der rettenden Gnade Gottes (Eph. 6,24). Sie haben Ihn nicht gesehen, aber sie lieben Ihn, vertrauen Ihm, freuen sich an Ihm und empfangen von Ihm das Heil ihrer Seelen (1.Pt. 1,8-9). Diejenigen, die Christus nicht lieben, bleiben unter Gottes Fluch (1.Kor. 16,22).

Die wahren Kinder Gottes lieben Seinen Sohn, denn Er ist ihre Lust und Freude. Sie lieben Christus mehr als ihre Eltern oder ihre eigenen Kinder (Mt. 10,37). Sie halten gern Seine Gebote (Joh. 14,21). Sie beugen sich bereitwillig vor Seinem Thron (Ps. 110,1-3). Sie lieben Christus mehr als ihr Leben in dieser Welt (Joh. 12,25). Warum ist das so? Der Herr Jesus nennt uns in Johannes 8,42 zwei Gründe:

Erstens: Sie lieben Ihn, weil Er vom Vater kommt. Er ging von Gott aus und kam von Ihm. Der Mann, der an den Ufern Galiläas wandelte, ist der fleischgewordene Sohn Gottes, der mit dem Vater *»im Anfang«* war *(Joh. 1,1).*

Er wohnt *»im Schoß des Vaters« (Joh. 1,18)* in ewiger, inniger Vertrautheit mit Ihm (Joh. 17,24). Christus ist so eng mit dem Vater verbunden, dass Er sagen konnte: *»Ich [bin] im Vater und der Vater in Mir …« (Joh. 14,11).* Deshalb gilt: Wer den Sohn *»gesehen hat, der hat den Vater gesehen« (Joh. 14,9).*

Jedes wahre Gotteskind liebt Jesus Christus. Wir sehen die Herrlichkeit Gottes im Antlitz Jesu Christi leuchten, und unsere Herzen werden von Ihm angezogen (2.Kor. 4,6), denn Er ist unser Herr.

Der *zweite* Grund, warum die Kinder Gottes Christus lieben, ist, dass Er den Willen Seines Vaters tut. Sein ganzes Leben auf der Erde war ein einziger Akt des Gehorsams gegenüber Gott. Jesus sagte: *»Denn Ich bin aus dem Himmel herabgekommen, nicht damit Ich Meinen Willen tue, sondern den Willen dessen, der Mich gesandt hat« (Joh. 6,38).* Ebenso lautet das innige Gebet eines jeden Kindes Gottes: *»Unser Vater, der Du bist im Himmel! ... Dein Wille geschehe …« (Mt. 6,9-10).* Wann immer sie Christus sehen, ist die neue Schöpfung in ihnen von Freude erfüllt, weil Er immer den Willen Seines Vaters tut, und diese Freude veranlasst sie, Seinen Schritten zu folgen.

Drittens lieben sie Christus, weil der Vater Ihn gesandt hat, um Sünder zu retten. Es ist der Wille des Vaters, dass Sein Sohn jeden Menschen, den der Vater erwählt hat, jeden, der wahrhaft an Christus glaubt, zum ewigen Leben und zur ewigen Glückseligkeit führt (Joh.

6,39-40). Im Sohn sehen sie, wie sehr Gott sie liebte, als sie Ihn nicht liebten, und Er gab Seinen geliebten Sohn, um ihre Sünden zu sühnen (1.Joh. 4,9-10). Wir lieben Christus, weil Er uns zuerst geliebt hat. Und je mehr wir die Herrlichkeit Seiner Liebe sehen, desto mehr lieben wir Ihn und sehnen uns danach, Ihm ähnlich zu sein.

> *»Alle Pfade des HERRN sind Gnade und Wahrheit für die, welche Seinen Bund und Seine Zeugnisse bewahren … Das Geheimnis des HERRN ist für die, welche Ihn fürchten, und Seinen Bund lässt Er sie erkennen.«*
>
> *Psalm 25,10.14*

Und das Wort wurde Fleisch
und wohnte unter uns;
und wir sahen Seine Herrlichkeit,
eine Herrlichkeit als des Eingeborenen
vom Vater, voller Gnade und Wahrheit.

Johannes 1,14

31

UM DIE HERRLICHKEIT GOTTES ZU OFFENBAREN

Von Anbeginn der Schöpfung an hat Gott Seine Herrlichkeit offenbart (Ps. 19,2; Röm. 1,20). Nach dem Fall des Menschen in die Sünde hat Gott zu verschiedenen Zeiten und auf verschiedene Weise durch Propheten zu Seinem Volk gesprochen (Hebr. 1,1). Aber das war nur der Schimmer der Morgenröte vor dem Aufgang der Sonne.

Die Propheten waren Knechte Gottes, aber Jesus Christus ist Gottes Sohn (Hebr. 1,2; 3,5-6). Die Propheten sprachen das Wort, aber Christus ist das Wort in Person (Joh. 1,1). Die Propheten waren nur wie der Mond, der das Licht reflektiert; aber Er ist *»die Sonne der Gerechtigkeit« (Mal. 3,20),* die mit ihrem eigenen göttlichen Glanz erstrahlt (Hebr. 1,3). Christus war auf der Erde die höchste Offenbarung der Herrlichkeit des dreieinigen Gottes.

Viele haben diese Herrlichkeit nicht erkannt. Als Jesus geboren wurde, leuchtete Er nicht im Dunkeln; Er hatte keinen Heiligenschein. Die Zeichen, an denen die

Hirten Ihn erkannten, waren, dass Er in einer Krippe lag, einem Futtertrog für Tiere (Lk. 2,12.16), und dass Er wie jedes andere Baby der damaligen Zeit in Windeln gewickelt war. Die Krippe und diese Gewänder waren kaum etwas, das einem König angemessen gewesen wäre. Auch als der erwachsene Jesus in Seine Heimatstadt kam, um zu lehren, fielen Ihm die Menschen nicht zu Füßen, sondern verachteten Ihn, weil sie Ihn von Kindheit an kannten, weil Er der Sohn des örtlichen Zimmermanns war und sie es nicht wahrhaben wollten, dass Er der Messias, der Sohn Gottes war (Mk. 6,3).

In Johannes 1,14 sehen wir das Geheimnis: »*Und das Wort wurde Fleisch und wohnte unter uns.*« Für die ungläubigen Juden war es wirklich skandalös zu sagen, dass Jesus der ewige, persönliche Selbstausdruck des Vaters war, wie es hier heißt: »*Im Anfang war das Wort, und das Wort war bei Gott, und das Wort war Gott« (Joh. 1,1),* was bedeutet, dass Jesus der allmächtige Schöpfer voller Leben und Licht ist (Joh. 1,3-4).

Das Wort »Fleisch« bezieht sich hier auf die menschliche Natur in ihrer ganzen Niedrigkeit, Schwachheit und ihrem Elend seit dem Sündenfall. Sie ist das genaue Gegenteil des göttlichen Wortes. In Jesaja 40,6-8 heißt es: »›Alles Fleisch ist Gras ... Das Gras ist verdorrt, die Blume ist abgefallen; aber das Wort unseres Gottes bleibt in Ewigkeit!‹«

Nichts könnte die Herrlichkeit Gottes mehr verhüllen, als Ihn zu einem leidenden, sterblichen Menschen zu machen. Wenn man Ihn im blutigen Todeskampf am Kreuz hätte um Luft ringen sehen, hätte man denken können, dass Jesus kaum noch wie ein Mensch aussah (Jes. 52,14). Wird Gott durch den gekreuzigten Christus offenbart oder verhüllt?

Doch Johannes betont: »*Und das Wort wurde Fleisch und wohnte unter uns; und wir sahen Seine Herrlichkeit …*« *(V. 14).* Diejenigen, die Seine Herrlichkeit erblicken, sehen über das Äußere hinaus, denn es ist eine übernatürliche Herrlichkeit, die nur mit den Augen des Glaubens, erleuchtet durch den Heiligen Geist, gesehen werden kann (1.Kor. 2,12). Es ist eine Offenbarung, die der Weisheit dieser Welt verborgen ist (1.Kor. 2,6-7). Nur der Geist kann uns befähigen, die »*Herrlichkeit Gottes im Angesicht Jesu Christi*« zu sehen (2.Kor. 4,6).

Christus offenbart die Herrlichkeit Gottes zunächst in Seiner Beziehung zum Vater: »*… eine Herrlichkeit als des Eingeborenen vom Vater*« *(Joh. 1,14).* Niemals waren sich zwei Menschen näher als der ewige Vater und der Sohn (Mt. 11,27). Seht, wie Christus Seinem Vater gehorchte! Er sehnte sich danach, den Willen Seines Vaters zu erfüllen, so wie wir uns nach unserer täglichen Nahrung sehnen (Joh. 4,34). Wie sehr war der Vater über Seinen Sohn erfreut: »*Du bist Mein geliebter Sohn; an Dir habe Ich Wohlgefallen*« *(Lk. 3,22)!*

Christus offenbart die Herrlichkeit Gottes zweitens in der Art und Weise, wie Er mit den Menschen umgeht:

»… voller Gnade und Wahrheit«. Seine Göttlichkeit leuchtete in Seiner Liebe zu den Sündern heller als in dem größten Wunder, das Er je vollbracht hat. Diese Göttlichkeit zeigte sich sogar, als Christus von Seinem eigenen Volk abgelehnt wurde (Joh. 1,11). Jesus hätte wie Mose auf dem Berg Sinai mit Gesetz und Donner vom Himmel herabkommen können, um die Sünder zu erschrecken. Aber Christus offenbarte Gottes Herrlichkeit, indem Er mit der Gnade kam – mit der rechtfertigenden Gnade, die sie von ihren Sünden befreit, mit der verwandelnden Gnade, die ihnen eine übernatürliche Neugeburt schenkt, und mit der annehmenden Gnade, die sie in die Familie Gottes einfügt (Joh. 1,12-13).

Christus kam mit der Gnade, um die Treue Gottes zu beweisen und zu bestätigen. Er kam auch voller Wahrheit, der felsenfesten Glaubwürdigkeit des Bundesgottes Israels (Röm. 15,8-9), ein *»Gott, der nicht lügen kann« (Tit. 1,2)*. Alle Verheißungen Gottes werden in Jesus wahr (2.Kor. 1,19-20). Du kannst Ihm vertrauen, und wenn du Ihm vertraust, wirst du Gottes herrliche Treue und völlige Vertrauenswürdigkeit erkennen.

BUCHEMPFEHLUNG

Donald S. Whitney

MIT DER BIBEL BETEN

Art.-Nr.:	875.257
Seiten:	130
Art:	Leineneinband Goldprägung 4-farbig

Das Beten mit der Bibel kann dein Gebetsleben völlig verändern. Es lehrt dich, deine Probleme und Kämpfe, die ständigen Veränderungen und Krisen in deiner Umgebung und in der Welt aus einer anderen Perspektive zu betrachten. Es lehrt dich, im Gebet auf den souveränen Gott zu schauen und Ihn anzubeten, weil uns die Schrift auf all ihren Seiten zu genau dieser Haltung anleitet.

Das Buch »Mit der Bibel beten« ist ein sehr hilfreicher und praktischer Leitfaden dafür. Donald S. Whitney skizziert darin leicht verständlich, wie du beim Beten die Worte der Heiligen Schrift verwenden kannst.

Wenn du den innigen Wunsch hast, im Gebet mehr Zeit mit deinem himmlischen Vater zu verbringen und dich an dieser Gemeinschaft zu erfreuen, wird sich dir dieses einfache Buch als unschätzbar wertvoll erweisen.

John MacArthur

JESUS ALLEIN

Art.-Nr.:	875.283
Seiten:	188
Art:	Leineneinband Goldprägung 2-farbig

Was hat Jesus gemeint, als Er sagte: »Folge Mir nach!«?

In »Jesus allein« macht John MacArthur deutlich, dass das von Jesus verkündete Evangelium ein Aufruf zur Selbstverleugnung, zu radikalen Veränderungen und zum Dienst für Ihn ist. Schwierige Forderungen? Menschlich gesehen unmöglich! Doch diese Lebensweise ist erreichbar, wenn wir verstehen, dass echter Glaube ein Herz hervorbringt, das sich völlig der Herrschaft Christi unterwirft.

»Jesus allein« beleuchtet das Evangelium, das Jesus Selbst gepredigt hat – mit dem Ziel, ein gründliches und richtiges Verständnis des wahren Weges zur Errettung zu erlangen. Er ist der Einzige, an den wir uns wenden müssen, wenn wir Worte des ewigen Lebens erhalten wollen.

BUCHEMPFEHLUNG

Paul David Tripp

JEDEN MOREN NEUE GNADE

Art.-Nr.:	875.249
Seiten:	440
Art:	Kunstledereinband Goldprägung Goldschnitt 2-farbig

Der Vormittag kann hart sein. Da reichen ein herzhaftes Frühstück und eine Tasse Kaffee einfach nicht aus. Der Bestseller-Autor Paul David Tripp bietet mehr als nur einen kräftigen Kaffee, er möchte dir die stärkste Ermutigung geben, die man sich vorstellen kann: das Evangelium der Gnade.

Diese 366 Andachten weisen auf die täglichen Segnungen hin, die du findest, wenn du mit leeren Händen vor den Thron der Gnade kommst und dabei Gottes Wort aufschlägst, um die Wahrheit zu finden, die dich belehrt, überführt, zurechtweist und darin unterweist, wie du ein Leben führen kannst, das Gott gefällt.

Was du täglich brauchst, ist die tiefe Gemeinschaft mit dem lebendigen Gott. Dann wirst du erkennen, dass Seine Gnade kein Ende hat. Sein Erbarmen hört niemals auf, es ist jeden Morgen neu!

www.voh-shop.de

NOTIZEN